Les mille
Et une nuits

دار بني مزغنّة
DAR BENI MEZGHANA

بسم الله الرحمن الرحيم

LES MILLE ET UNE NUITS

Première Edition - Fevrier 2019

ISBN: 978-991-80-1111-7

Hai Baha Lot 89 Mohammadia
16058 Alger - Algérie.
Tél.: +213 561 00 84 34
Fax: +213 21 89 93 45
Email: info@mezghana.net
URL: www.mezghana.net

Imprimé en Algérie.

I. ALI-BABA
et les quarante voleurs

Il y avait une fois, dans une ville de Perse, deux frères nommés Kassim et Ali-Baba. Kassim était riche, tandis qu'Ali-Baba était pauvre. Ainsi en avait décidé la fortune, bien qu'ils eussent hérité d'une somme égale - et minime - à la mort de leur père. Seulement par sa femme, Kassim était devenu propriétaire d'une boutique bien achalandée, d'un magasin bien garni, sans compter de nombreuses terres, qui l'avaient mis dans l'aisance. C'était, maintenant, un des principaux marchands de la ville.

Par contre, Ali-Baba avait épousé une femme sans aucuns biens et, pour gagner sa vie et celle de ses enfants, il en était réduit à couper du bois dans la forêt voisine. Il le ramenait à la ville pour le vendre, chargé sur trois ânes qui constituaient toute sa fortune.

Un jour, Ali-Baba achevait de couper sa charge de bois lorsqu'il distingua un énorme nuage de poussière qui s'avançait dans sa direction. Il ne tarda pas à reconnaître une troupe de cavaliers qui arrivaient à fond de train.

« Ce sont peut-être des voleurs! » pensa tout de suite Ali-Baba avec un certain effroi.

Dès lors, il ne songea plus qu'à se sauver du péril qui le menaçait et, abandonnant ses ânes à leur sort, il monta sur un gros arbre touffu dans les branches duquel il put parfaitement se cacher et tout voir sans être vu. Justement les cavaliers mirent pied à terre tout près de l'arbre, et Ali-Baba put en compter quarante. Ils étaient tous bien montés, bien armés ; à leur mine et à leur équipement, Ali-Baba vit qu'il ne s'était pas trompé, tout à l'heure, c'étaient des voleurs qui venaient à leur rendez-vous.

Chaque brigand, après avoir débridé son cheval, l'attacha à un tronc d'arbre et lui passa au cou un sac rempli d'orge, puis chacun se chargea de sa valise et elles semblaient toutes si lourdes qu'Ali-Baba en conclut qu'elles ne pouvaient contenir que de la monnaie d'or et d'argent.

Celui qui marchait en tête et qui devait être le chef de la bande, se dirigea vers un rocher situé près du gros arbre où Ali-Baba s'était réfugié. Il écarta les broussailles et prononça cette phrase, qu'Ali-Baba distingua parfaitement :

— Sésame, ouvre-toi !

Aussitôt, une porte s'ouvrit; les brigands s'y engouffrèrent, le chef entra le dernier et la porte se referma sur lui.

Ali-Baba aurait pu en profiter pour descendre de sa cachette et fuir en toute hâte, d'autant plus qu'il aurait pu monter un des chevaux et regagner la ville en poussant ses trois ânes devant lui, mais il craignait de voir apparaître un des quarante voleurs. Il resta ainsi un bon moment à son poste, car les brigands demeurèrent longtemps dans le rocher.

Enfin, la porte se rouvrit, livrant passage aux quarante voleurs, dont le chef occupait la tête. Quand ils eurent tous défilé sous ses yeux, il dit solennellement :

— Sésame, referme-toi.

Et la porte se referma.

Sur ce, chacun enfourcha son cheval, et la bande, toujours conduite par celui qui paraissait en être le chef, reprit le chemin qui l'avait amenée.

Ali-Baba ne quitta sa cachette que longtemps après qu'ils eurent disparu à l'horizon. Il put alors mettre pied à terre en toute sûreté. Mais au lieu de s'enfuir, il se mit à réfléchir à ce qu'il venait de voir et d'entendre. La curiosité fut plus forte que la peur et, écartant les broussailles, il découvrit la porte qui s'était ouverte à la voix du chef des brigands. Il se rappelait la phrase magique; il voulut l'expérimenter.

— Sésame, ouvre-toi! Prononça-t-il.

Instantanément, la porte s'ouvrit au large.

La surprise d'Ali-Baba grandit encore. Au lieu de l'antre obscur qu'il s'était imaginé trouver là, il apercevait une immense voûte, percée à son sommet d'une large ouverture par laquelle la lumière entrait à

profusion. Cette grotte vaste et spacieuse, creusée de main d'homme, était emplie des choses les plus diverses; provisions de bouche, ballots de riches marchandises et surtout des pièces d'or et d'argent empilées là par tas et dans de grands sacs de cuir. Il y en avait tant et tant qu'Ali-Baba ne put s'empêcher de penser que c'était là le repaire de plusieurs générations de voleurs.

Alors, il n'hésita plus : il pénétra dans la grotte, dont la porte se referma aussitôt. Ali-Baba ne s'en inquiéta pas, il connaissait le secret pour sortir comme pour entrer. Il ne perdit pas de temps; en toute hâte, il s'attaqua à l'or monnayé et réunit ainsi autant de sacs que pouvaient en porter ses trois ânes. Quand ils furent convenablement chargés, il prononça la formule magique :

— Sésame, referme-toi.

Et la porte obéit.

Le cœur content de sa bonne aubaine, Ali-Baba revint chez lui, et déposa les sacs devant sa femme. Quand elle s'aperçut qu'ils étaient pleins d'or, une appréhension s'empara d'elle-même.

— Ali-Baba, dit-elle, d'un air soupçonneux, d'où vous vient cet argent? Est-ce que vous auriez commis quelque...

Son mari ne la laissa pas achever.

— Ne vous alarmez pas, ma femme, répliqua-t-il. Je ne suis nullement un voleur... D'ailleurs, je vais vous conter tout au long mon extraordinaire aventure et vous me direz si je n'ai pas sagement agi...

Tout en lui faisant son récit, il vida le contenu des sacs, qui firent un gros tas d'or. Délivrée de ses inquiétudes, sa femme se réjouit avec lui de leur bonne fortune et promit de n'en parler à quiconque.

Avant toute chose, dit-elle à son mari, il faut que nous en fassions l'évaluation. Je trouverai bien une petite mesure, dans le voisinage... Pendant que vous creuserez la fosse pour cacher notre trésor, moi, je le mesurerai.

— Je n'en vois pas l'utilité, fit remarquer Ali-Baba. Enfin, faites comme il vous plaira, à la condition, bien entendu, que vous gardiez fidèlement le secret que je vous ai confié.

— Pour cela, vous n'avez rien à craindre, repartit la femme d'Ali- Baba.

Et elle s'en fut chez son beau-frère, qui habitait non loin de là. Kassim étant absent, elle demanda à sa femme de bien vouloir lui prêter une mesure.

— Volontiers, dit celle-ci. Attendez un instant, je vais aller vous en chercher une.

Chemin faisant, la curiosité fit naître en elle le désir de savoir quelle sorte de grain la femme d'Ali-Baba entendait mesurer ; et elle imagina d'enduire le dessous de la mesure d'une légère couche de suif.

En rentrant chez elle, la femme d'Ali-Baba posa la mesure sur le tas d'or, qu'elle se mit aussitôt en devoir d'évaluer. Puis, satisfaite d'avoir rempli la mesure de nombreuses fois, elle reporta celle-ci à sa belle-sœur.

Le premier soin de la femme de Kassim fut de regarder le dessous de la mesure; et quelle ne fut pas sa surprise en voyant une pièce d'or attachée à la couche de suif. Immédiatement, la curiosité fit place à de l'envie et elle murmura amèrement :

— Eh quoi ! Ali-Baba possède de l'or... et en quantité suffisante pour avoir besoin de le mesurer ! Ah çà ! Où ce misérable a-t-il pris cet or ?

Elle se mit à désirer ardemment le retour de Kassim, que ses occupations retenaient à la boutique jusqu'au soir. La journée lui parut interminable, et son mari ne fut pas plus tôt auprès d'elle qu'elle lui dit :

— Kassim, vous vous imaginez que vous êtes riche, eh bien, Ali-Baba, votre frère, l'est beaucoup plus que vous ; il ne compte pas son or, lui, il le mesure !

— Expliquez-vous ma femme, je vous en prie !

— Volontiers. Et la rusée créature mit son mari au courant de sa découverte.

Une terrible jalousie s'empara de Kassim lorsqu'il sut que la fortune avait pu favoriser son frère en le tirant de la misère, et dès le lendemain, il alla le trouver chez lui.

— Ali-Baba, dit-il, je ne vous savais point aussi cachottier... Vous affectez d'être pauvre, alors que vous pouvez compter votre or par mesure.

— Que voulez-vous dire, mon frère ? J'avoue n'y rien comprendre.

— Ne faites pas l'ignorant, allons ; combien possédez-vous de pièces semblables à celle que ma femme a trouvée, hier, sous la mesure que la vôtre vint lui emprunter, répartit Kassim en montrant à son frère la pièce d'or que sa femme lui avait remise.

Il n'eut pas besoin de rien ajouter, Ali-Baba comprit que Kassim et sa femme connaissaient son secret, et cela par la faute de sa propre épouse, qui s'était entêtée à vouloir mesurer leur trésor. Le mal était fait, il fallait le subir ; Ali-Baba proposa à son frère de le mettre dans le secret, à condition, bien entendu, qu'il le garde pour lui.

— J'entends qu'il en soit ainsi! répliqua Kassim avec fierté... Je veux savoir où se trouve le trésor que vous avez découvert et comment on doit s'y prendre pour l'atteindre. Si vous vous refusiez à me fournir immédiatement ces indications, j'irais de ce pas vous dénoncer à la justice.

Ces menaces n'intimidèrent nullement Ali-Baba, mais, cédant à son bon naturel, il confia tout le secret à Kassim, sans rien lui cacher, et l'instruisit des paroles indispensables pour pénétrer dans la grotte et pour en sortir.

Le lendemain, de bon matin, Kassim quitta sa maison avec toute une troupe de mulets chargés de grands coffres.

Il avait formé le dessein de s'emparer du trésor avant qu'Ali-Baba ait pu y revenir.

— Sésame, ouvre-toi ! Prononça- t-il quand il eut trouvé la porte.

Elle s'ouvrit puis se referma, dès qu'il fut entré. Kassim tomba dans une profonde admiration, en face des richesses accumulées en ce lieu. Il s'arracha à sa béate contemplation pour s'emparer d'autant de sacs d'or monnayé, qu'il put en porter. Ainsi chargé, il se dirigea vers la porte pour sortir de la grotte, mais, dans son égarement, il ne se souvint plus de la phrase exacte et dit :

— Orge, ouvre-toi.

La porte ne s'ouvrit pas. Kassim en conçut un effroi indescriptible, qui acheva d'embrouiller sa mémoire. Il lui fut impossible de retrouver le mot magique.

Désespéré, il laissa tomber les sacs dont il s'était emparé et, en proie au plus terrible affolement, il arpenta la grotte en tous sens, indifférent maintenant aux trésors qu'elle contenait.

Vers midi, Kassim perçut le bruit d'un galop de chevaux.

– Les voleurs! murmura-t-il en faiblissant. Je suis perdu!

Il s'avança tout près de la porte, pour tenter de s'élancer au dehors, dès qu'elle s'ouvrirait. Il sortit si brusquement, en effet, qu'il renversa le chef des voleurs qui entrait dans la grotte, à la tête de ses hommes; mais les brigands se jetèrent sur lui, le sabre en main, et l'exterminèrent sans pitié.

Ils pénétrèrent ensuite dans leur repaire et trouvèrent, près de la porte, les sacs abandonnés par Kassim. Ils les remirent à leur place, sans s'apercevoir qu'il en manquait d'autres, et se demandèrent, avec inquiétude, comment Kassim avait pu entrer dans la grotte. Ils ne parvinrent pas à se l'expliquer et, en désespoir de cause, résolurent de couper en quatre le cadavre de Kassim. Deux quartiers seraient disposés de chaque côté de la porte, à l'intérieur de la voûte, et quiconque voudrait pénétrer le mystère de leur retraite reculerait sans doute, à la perspective d'un sort pareil.

Ce projet exécuté, les quarante voleurs retournèrent à leurs exploits et à leurs brigandages.

Cependant, à la nuit close, la femme de Kassim, ne voyant pas revenir son mari, commença à s'alarmer.

Pour dissiper son inquiétude, elle alla chez Ali-Baba.

— Beau-frère, lui dit-elle, vous savez que Kassim est parti depuis ce matin, à la forêt, il n'est pas encore de retour; et je crains qu'il ne lui soit survenu quelque malheur.

L'annonce du voyage de son frère ne surprit nullement Ali-Baba, qui n'était pas allé à la forêt ce jour-là, pour ne pas gêner Kassim.

— Ne vous alarmez pas, dit-il à sa belle-sœur. Kassim attend sans doute la nuit noire pour rentrer en ville avec son précieux chargement.

Rassurée, la femme de Kassim rentra chez elle et se remit à attendre. Elle patienta jusqu'à minuit; ses inquiétudes l'assaillirent plus vivement que jamais, sa douleur était d'autant plus forte qu'elle ne pouvait la confier à personne. Elle était en proie au repentir d'avoir voulu, par une folle curiosité, connaître les affaires de son beau-frère. Elle pleura toute la nuit et retourna chez Ali-Baba à la pointe du jour.

Son beau-frère essaya de la consoler et sans qu'elle eût besoin de le lui demander, partit immédiatement pour la forêt avec ses trois ânes à la recherche de Kassim. En arrivant près du rocher, il aperçut une large tache de sang devant la porte, et il se sentit envahi d'une horrible appréhension. Bravement il prononça les paroles miraculeuses ; la porte s'ouvrit et il aperçut le corps de son frère, affreusement dépecé. Aussitôt, il oublia le peu d'amitié que Kassim lui avait toujours témoignée et ne pensa plus qu'à accomplir les devoirs envers sa dépouille. Il réunit ses restes en deux paquets, qu'il chargea sur un de ses ânes, en les dissimulant avec du bois. Sur les deux autres bêtes il mit des sacs pleins d'or, également cachés par du bois. Et il reprit le chemin de la ville.

Il laissa à sa femme le soin de décharger les deux ânes qui portaient l'or et conduisit le troisième chez sa belle-sœur. Il fut reçu par Morgiane, une esclave adroite et ingénieuse ; après avoir déchargé l'animal, il l'attira à l'écart et lui dit :

— Morgiane, j'ai un secret inviolable à te demander. Ecoute, et tu te rendras compte de son importance, autant pour ta maîtresse que pour moi. Tu vois ces deux paquets : ils renferment le corps de ton maître, et cependant, il faut que nous le fassions enterrer comme s'il était mort de sa belle mort. Avertis ta maîtresse que je veux lui parler et ne perds pas un mot de ce que je lui dirai...

Morgiane obéit et, presque aussitôt, introduisit Ali-Baba auprès de sa belle-sœur.

— Eh bien, beau-frère! interrogea-t-elle. Quelle nouvelle m'apportez-vous? Hélas ! Votre visage n'a rien pour me consoler.

Ali-Baba lui fit le récit exact de son expédition, puis :

— Belle-sœur, ajouta-t-il, je comprends toute l'étendue de votre chagrin. Il n'y a malheureusement pas de remède à cette douleur. Cependant, je veux essayer de vous consoler, si toutefois la chose est possible. Et c'est dans ce but que je vous propose de joindre mes biens aux vôtres en vous épousant. Vous n'avez rien à craindre de ma femme, elle ne sera pas jalouse et vous vous accorderez bien. Si ma proposition vous convient, il faut, avant toute chose, s'arranger pour que mon frère paraisse être mort naturellement. Ce soin incombera à Morgiane, si vous le voulez bien.

La veuve de Kassim se garda de repousser une offre aussi avantageuse et elle y trouva même un motif de consolation, car elle s'abstint des cris perçants que poussent d'ordinaire les femmes qui ont perdu leur époux. Ali-Baba comprit qu'elle acceptait et se retira, après avoir fait ses recommandations à Morgiane, pour le cadavre de Kassim.

L'esclave alla immédiatement chez un apothicaire, pour chercher une certaine tablette au pouvoir souverain dans les maladies les plus dangereuses.

— Qui donc est souffrant, chez votre maître? Interrogea l'apothicaire en lui remettant la drogue.

— Hélas ! répondit-elle en soupirant profondément, c'est mon bon maître, Kassim lui-même. Il ne parle plus, ne mange plus, et personne ne comprend rien à sa maladie !

— Le lendemain, Morgiane revint chez ce même apothicaire et demanda un remède qu'on ne fait qu'aux mourants. Et elle ajouta, les larmes aux yeux :

— Je crains bien, malheureusement, que cette drogue ne produise pas plus d'effet que les tablettes ! Ah! Plaignez-moi, je perds là un bon maître !

D'autre part, les gens du voisinage virent Ali-Baba et sa femme aller et venir de leur maison à la maison de Kassim, et leur attitude décelait une grande affliction. On ne fut donc pas surpris outre mesure, vers le soir, en entendant les cris lamentables de la femme de Kassim et surtout de Morgiane, qui faisait connaître ainsi la mort de son maître.

A l'aube du jour suivant, l'esclave alla trouver un vieux savetier dont la boutique était toujours ouverte avant toutes les autres. En même temps qu'elle le saluait d'un gracieux bonjour, elle lui glissa une pièce d'or dans le creux de la main.

— Bonne étrenne! s'écria gaiement Baba-Mustafa. De quoi s'agit-il?

— Vous allez prendre tout ce qu'il vous faut pour coudre, expliqua Morgiane, et vous me suivrez immédiatement, à une condition, c'est que vous vous laisserez bander les yeux à partir d'un certain endroit.

Baba-Mustafa fit mine de refuser.

— Vous pouvez être tranquille, repartit Morgiane, en lui donnant une seconde pièce d'or, je ne vous demanderai rien qui puisse nuire à votre honneur.

Le savetier ne souleva plus aucune objection et se soumit à la volonté de l'esclave, qui le conduisit chez Kassim, après lui avoir bandé les yeux à mi-chemin. Elle ne retira le mouchoir que dans la chambre où gisait la triste dépouille de son maître.

— Baba-Mustafa, prononça-t-elle alors, je vous ai amené ici pour coudre les quatre pièces que voilà. Dépêchez-vous, quand vous aurez terminé, je vous donnerai une troisième pièce d'or.

Quand le travail fut achevé, elle tint sa promesse et, après avoir recommandé à Baba-Mustafa de garder le secret, elle lui rebanda les yeux et l'accompagna jusqu'à l'endroit où elle lui avait mis le mouchoir en l'amenant. Là, elle ôta le bandeau et laissa aller le vieillard en le suivant du regard.

Le corps de Kassim fut soigneusement lavé, puis enseveli avec le cérémonial usité en pareille circonstance, puis Morgiane se rendit à la mosquée, pour annoncer que l'enterrement pouvait avoir lieu.

L'iman et les autres ministres arrivèrent aussitôt. Quatre voisins chargèrent la dépouille sur leurs épaules et la portèrent au cimetière.

Quelques jours plus tard, Ali-Baba s'installa dans la maison de la veuve de son frère Kassim et y apporta le peu de meubles qu'il possédait, ainsi que l'argent pris aux voleurs. Personne ne s'étonna de son mariage avec sa belle-sœur, car c'est un fait courant chez les peuples de religion musulmane.

Quand les quarante voleurs revinrent à leur repaire, ils furent désagréablement surpris en s'apercevant que le corps de Kassim avait disparu et que, d'autre part, le nombre de leurs sacs avait sensiblement diminué.

— Le voleur que nous avons châtié n'était pas le seul à connaître notre secret, nous en avons la preuve incontestable. Il faut donc qu'après avoir exécuté l'un, nous exécutions l'autre; et cela dans le plus bref délai : autrement, nous sommes perdus ! Ne partagez-vous pas mon avis? demanda le chef à ses hommes.

Ceux-ci approuvèrent sa proposition, et il fut convenu de ne plus rien entreprendre avant d'avoir éclairci ce mystère et puni le coupable.

— Je reconnais bien là votre bravoure, dit le chef des brigands. Mais, avant que nous tentions quoi que ce soit, il faut que l'un de vous aille à la ville sans armes et dans le costume d'un voyageur, pour se livrer à une première enquête. La mort étrange de celui que nous avons exterminé n'a pas dû passer inaperçue, il faudrait donc recueillir les bruits qui circulent à ce sujet, savoir le nom de notre victime, et connaître sa demeure. Celui de vous qui se chargera de cette tâche délicate devra se soumettre à la peine de mort, dans le cas où il commettrait une erreur capable de causer notre ruine à tous. Ne trouvez-vous pas ce parti-là plus sage ?

Les brigands n'eurent pas le temps de répondre que déjà l'un d'eux s'avançait vers le chef :

— Je suis prêt à entreprendre cette enquête, déclara-t-il, car je me fais une gloire d'exposer ma vie dans ces conditions.

Tous le félicitèrent, et quand il se fut déguisé de façon méconnaissable, il gagna la ville, où il entra au petit jour. Une seule boutique était ouverte, celle de Baba-Mustafa ; il s'y présenta, à tout hasard.

— Brave homme, dit-il, après lui avoir souhaité le bonjour, vous vous mettez au travail de bien bonne heure... Cependant, vos yeux ne doivent plus être assez bons pour que vous puissiez coudre !

— Vous ne me connaissez pas, pour parler ainsi, sans cela vous sauriez que, malgré ma vieillesse, j'ai encore d'excellents yeux. Pour dissiper les doutes qui pourraient subsister à cet égard, dans votre esprit, je vous dirai qu'il n'y a pas bien longtemps, j'ai cousu un mort en un endroit où il ne faisait pas beaucoup plus clair qu'en ce moment-ci !

Le voleur ne laissa rien paraître de la joie que lui causait cette déclaration favorable à son plan. Et il s'écria, en feignant le plus grand étonnement :

— Vous avez cousu un mort !... Vous voulez parler, sans doute, du linceul dans lequel il fut enseveli?

— Non, pas du tout, répliqua Baba-Mustafa. D'ailleurs, vous n'en saurez pas davantage !

Persuadé qu'il était sur la bonne voie, le voleur tira une pièce d'or de sa poche et, la remettant à Baba-Mustafa :

— Brave homme, je ne ferai rien pour connaître votre secret, quoique, si vous me l'eussiez confié, je me serais bien gardé de le divulguer, mais je vous prie seulement de m'indiquer dans quelle maison vous avez cousu le mort ?

— Cela m'est impossible, je vous en donne ma parole, dit Baba-Mustafa, s'apprêtant à rendre la pièce d'or que l'inconnu venait de lui remettre. Et pour la bonne raison qu'on m'a bandé les yeux, à un certain endroit du chemin: de là, on m'a conduit dans la maison, et l'on m'en a ramené de la même manière et jusqu'au même endroit. Vous voyez bien, n'est-ce pas, qu'il m'est impossible de vous rendre le service que vous me demandez.

— Ecoutez, reprit le voleur. Venez avec moi jusqu'à l'endroit où l'on vous a bandé les yeux... Je vous les banderai à mon tour, et sans nul doute, vous vous souviendrez alors des tours et des détours qu'on vous fit prendre. Voici d'ores et déjà une autre pièce d'or pour vous récompenser de votre peine...

Baba-Mustafa contempla les deux pièces d'or qui brillaient dans sa main; il ne put résister à la tentation de les posséder et dit au voleur, tout en mettant les pièces dans sa bourse :

— Je ne puis vous promettre de me souvenir exactement du chemin qu'on me fit suivre, mais, puisque vous y tenez, je ferai tout mon possible pour vous donner satisfaction...

Baba-Mustafa, malgré son grand âge, avait aussi bonne mémoire que bon œil, car il conduisit le voleur devant la maison de Kassim, qui appartenait maintenant à Ali-Baba. Le brigand traça hâtivement une marque à la craie sur la porte, puis, retirant le mouchoir qui bandait les yeux du savetier :

— Sais-tu qui habite en cette maison?

— Je ne suis pas du quartier, répondit Baba-Mustafa, et ne puis, par conséquent, vous renseigner...

Le voleur remercia le vieillard et ils se séparèrent.

Presque aussitôt, Morgiane sortit de la demeure d'Ali-Baba pour quelque commission. Au retour, elle aperçut la marque que le voleur avait tracée sur la porte.

— Qu'est-ce que cela signifie? pensa l'esclave. Dans quel but a-t-on fait cette marque? En tout cas, on ne saurait prendre trop de précautions...

Toujours avisée, elle marqua de la même façon et au même endroit avec de la craie, les deux ou trois portes qui précédaient et suivaient celle de la maison d'Ali-Baba, et qui étaient absolument semblables. Elle n'en parla ni à son maître ni à sa maîtresse.

Pendant ce temps, le voleur avait rejoint sa troupe dans la forêt. Le chef et ses camarades le complimentèrent sur les résultats de ses démarches ; puis le chef, s'adressant à tous, prit la parole en ces termes :

— Camarades, il ne faut pas perdre de temps. Nous allons partir immédiatement, sans laisser voir que nous sommes armés. L'un après l'autre, nous entrerons dans la ville, pour ne pas éveiller de soupçons. Pendant que j'irai reconnaître la maison, vous vous réunirez sur la grande place...

Tout se passa comme il avait été convenu. Le chef des voleurs, guidé par celui qui avait dirigé l'enquête, arriva devant la première porte marquée par Morgiane.

— C'est ici ! dit-il à son maître.

Mais, comme ils continuaient à chevaucher, afin de ne pas attirer l'attention sur eux, le chef fit remarquer à son sous-ordre que la deuxième porte était marquée de la même façon et au même endroit.

Celui-ci témoigna une grande surprise. Et sa confusion devint extrême lorsque son chef lui fit constater que les quatre ou cinq portes suivantes portaient toutes la même marque...

— Pourtant, je vous jure, capitaine, que je n'en ai marqué qu'une seule! Malheureusement, il m'est impossible de la distinguer des autres.

L'entreprise ayant avorté, les quarante voleurs revinrent dans la forêt. Séance tenante, le conducteur de l'enquête fut condamné à mort et eut la tête tranchée.

Cependant, la vengeance des voleurs n'était toujours pas satisfaite. L'un d'eux proposa de reprendre la tâche de celui qui venait de périr et supplia qu'on le choisît à cet effet.

Ses camarades l'agréèrent, et il s'en fut à la ville. Tout se passa de la même manière que la première fois : il corrompit Baba-Mustafa, qui le conduisit, les yeux bandés, à la demeure d'Ali-Baba. Comme son prédécesseur, il fit une marque à la porte, pour la reconnaître des autres, mais, au lieu d'employer de la craie, il la traça au crayon rouge et dans un endroit moins apparent.

Comme la veille, Morgiane sortit de la maison quelques instants après, et quand elle y rentra, la marque rouge frappa sa vue. Elle s'empressa d'aller marquer les portes voisines.

La tentative des brigands échoua de nouveau, et ils se retirèrent dans la forêt, où le voleur qui avait commis la méprise subit le même châtiment que son camarade.

Le chef de la bande, très affecté d'avoir ainsi perdu deux de ses braves, résolut de conduire lui-même l'enquête. Quand Baba-Mustafa l'eut amené devant la maison d'Ali-Baba, il ne perdit pas son temps à la marquer, mais il l'examina si minutieusement qu'il fut bien sûr de la reconnaître lorsqu'il reviendrait avec sa troupe.

Ses hommes l'attendaient dans la grotte. Il leur expliqua son plan, auquel tous donnèrent leur approbation. Il les chargea alors d'acheter dix-neuf mulets et trente-huit outres, dont une seule remplie d'huile. Dans chacune de ces trente-sept outres vides, le chef fit entrer un des voleurs avec les armes indispensables, en ménageant une ouverture pour lui permettre de respirer; puis il ferma les outres, les frottas d'huile à l'extérieur, afin que personne ne doutât qu'elles ne fussent pleines de cette liqueur onctueuse.

Les dix-neuf mulets furent chargés des trente-sept voleurs ainsi dissimulés et du vase rempli d'huile. Le chef prit la direction du convoi, qui entra dans la ville une heure après le coucher du soleil. Il le conduisit tout droit à la maison d'Ali-Baba. Justement, celui-ci prenait le frais à sa porte, après dîner. Le chef des brigands s'adressa à lui :

— Seigneur, dit-il, tel que vous me voyez, j'arrive de bien loin avec ce chargement d'huile que j'irai vendre, demain, au marché. Il est tard, je ne sais où me loger et je vous serais très obligé, si cela ne vous dérange pas trop, de vouloir bien me recevoir chez vous !

— Entrez! répondit Ali-Baba sans hésitation. Vous êtes le bienvenu.

Il commanda à l'un de ses esclaves de mettre les mulets à l'abri, quand ils seraient déchargés et de leur donner du foin et de l'orge. Ensuite, il pria Morgiane de préparer à souper pour son hôte, et lui tint même compagnie tout le long du repas. Le souper terminé, Ali- Baba alla à la cuisine et dit à Morgiane :

— Demain, j'irai au bain avant le jour, fais-moi donc un bon bouillon, que je prendrai à mon retour!

Pendant ce temps, le chef des brigands s'était glissé dans la cour, sous prétexte de jeter un coup d'œil à ses mulets. Cependant, il ne fit qu'entrer et sortir de l'écurie et se dirigea vers les outres où ses gens étaient cachés, afin de leur donner la marche à suivre :

— Lorsque je jetterai des petites pierres de la chambre où je suis logé, vous fendrez l'outre du haut en bas avec le couteau dont vous êtes armés. Vous en sortirez aussitôt. Je serai là, dit-il tout bas à chacun.

Puis il se fit conduire à la chambre qui lui était réservée. Il éteignit la lumière et s'étendit sur le lit sans se déshabiller, ayant l'intention de se lever dès qu'il aurait fait un petit somme.

Quant à Morgiane, elle n'avait pas oublié les ordres de son maître et, sa besogne terminée, elle mit le pot-au-feu pour faire le bouillon. Elle était en train de l'écumer quand sa lampe s'éteignit ; elle s'aperçut que sa provision d'huile était épuisée, ainsi que la chandelle. Comment faire? Il était trop tard pour aller en chercher, toutes les boutiques étaient fermées ; et cependant elle ne pouvait écumer son bouillon sans lumière. Elle ne s'embarrassa pas longtemps : pourquoi ne prendrait- elle pas un peu d'huile dans l'une des outres de l'hôte de son maître?

Elle alla dans la cour avec son vase à huile et s'approcha du premier récipient ; mais elle demeura stupéfaite en entendant une voix étouffée qui demandait ;

— Est-ce le moment?

Morgiane avait l'oreille fine; elle s'aperçut immédiatement que cette question partait de l'intérieur de l'outre ; et, sans perdre sa présence d'esprit, elle répondit tout bas :

— Non... pas encore... mais bientôt!

A chaque outre, elle reçut la même question et fit la même réponse. Quand elle fut à la dernière — la seule qui fût pleine d'huile — elle en emplit son vase et revint à sa cuisine, persuadée que son maître avait donné asile à trente-huit voleurs.

Elle ralluma sa lampe, prit une grande chaudière et retourna dans la cour pour l'emplir d'huile à son tour. Puis elle la mit sur un grand feu, afin que le liquide bouillit rapidement. Elle put mettre alors son plan à exécution : dans chacune des outres contenant un voleur, elle versa l'huile toute bouillante ; et leur enleva ainsi la vie sans qu'ils eussent le temps de se défendre.

Elle accomplit cela sans faire le moindre bruit, après quoi elle éteignit sa lampe et se posta à la fenêtre de la cuisine, pour observer ce qui allait se passer. Elle n'était pas là depuis un quart d'heure que le chef des voleurs donna le signal convenu en jetant de petites pierres. L'inquiétude s'empara de lui immédiatement, car il ne perçut aucun bruit qui répondît à son appel. Sans hésiter, il se précipita dans la cour, mais en approchant des outres, une odeur d'huile chaude et de brûlé lui saisit les narines. Il eut l'intuition de ce qui s'était passé et comprit que son entreprise contre Ali-Baba venait d'échouer une fois encore.

Dans ces conditions, il n'avait plus qu'à fuir. Et c'est ce qu'il fit. Au retour du bain, Ali-Baba ne manqua pas de se montrer surpris en voyant les outres d'huile dans la cour.

— Le marchand n'est-il donc pas allé au marché? demanda-t-il à Morgiane.

— Maître, répondit-elle, ce marchand n'était pas plus marchand que je ne suis marchande...

Je vais vous dire ce qu'il est et ce qu'il en est advenu !

Elle raconta alors à son maître ce qu'elle avait fait pendant la nuit, et le mit également au courant des observations qu'elle avait relevées, depuis deux ou trois jours, et notamment les marques tracées sur la porte.

— Ne doutez pas, dit-elle en terminant, que tout ceci est l'œuvre des brigands de la forêt... Ce que je ne m'explique pas, c'est qu'il en manquait deux... Il faut donc vous méfier encore... en tout cas, maître, vous pouvez compter que je continuerai à veiller avec vigilance sur votre sécurité.

— Morgiane, repartit Ali-Baba, ne sachant comment lui prouver sa reconnaissance, je n'oublierai jamais que je te dois la vie... Et, en attendant que je puisse te le prouver comme j'en ai l'intention, je t'affranchis de l'esclavage !

Aidé par Morgiane, Ali-Baba creusa, au bout de son jardin, une fosse immense, dans laquelle il enterra le corps des trente-sept voleurs, afin de ne pas éveiller l'attention de ses voisins; puis il cacha les outres et les armes et fit vendre les mulets sur divers marchés.

Cependant, le chef des voleurs ne se tint pas pour battu, et, de retour à la grotte, songea aux nouveaux moyens qu'il allait employer pour se débarrasser d'Ali-Baba.

Dès le lendemain, il revint à la ville et se logea dans un bazar, où il transporta de riches étoffes et des toiles fines, qu'il trouva dans son repaire de la forêt. Quand il eut suffisamment de marchandises, il loua une boutique pour les vendre, et le hasard voulut que cette boutique fût placée vis-à-vis de celle occupée naguère par Kassim et actuellement par le fils d'Ali-Baba.

Le chef des voleurs, qui se faisait appeler Khodjah Houssain, ne tarda pas à découvrir cette heureuse coïncidence et se lia avec le jeune homme. Il poussa l'amabilité jusqu'à lui faire des cadeaux et, des invitations. Le fils d'Ali-Baba se crut naturellement obligé de lui rendre ses politesses.

Il consulta son père, qui lui dit :

— Mon fils, arrangez-vous pour faire une promenade avec Khodjah Houssain, demain... Au retour, vous l'inviterez à passer chez moi... je ferai tenir le souper tout prêt... je l'inviterai à prendre place à notre table...

Tout se passa comme il avait été convenu. Ali-Baba fit à Khodjah Houssain le plus charmant accueil et le remercia des bontés qu'il avait eues pour son fils. Après un court entretien, Khodjah Houssain fit mine de vouloir se retirer...

— Je vous prie, seigneur, dit Ali-Baba à son hôte, de me faire l'honneur de souper avec moi. Certes, le repas auquel je vous convie sera indigne de vous, mais acceptez-le, c'est de bon cœur que je vous l'offre...

— Je n'en doute pas, seigneur Ali-Baba, répondit Khodjah Houssain ; mais je vous supplie de ne pas vous froisser de mon refus... D'ailleurs, je puis vous en faire connaître la cause : c'est que je ne mange aucun mets salé; et vous jugez d'ici quelle piètre contenance j'aurais à votre table, dans ces conditions...

— Qu'à cela ne tienne, reprit Ali-Baba avec insistance. Tout d'abord, il n'y a pas de sel dans le pain qu'on mange chez moi, ensuite, je vais immédiatement donner les ordres nécessaires pour qu'il n'y ait pas le moindre grain de sel dans la viande et les ragoûts qui vous seront présentés...

Sans attendre l'acquiescement de Khodjah Houssain, Ali-Baba s'esquiva pour donner à Morgiane de nouveaux ordres et satisfaire au goût de son hôte.

Celle-ci ne cacha pas son mécontentement et s'écria :

— Quel est donc cet homme si difficile qui ne mange pas de sel ?

— Allons, Morgiane, ne te fâche pas : c'est un honnête homme !

Bon gré, mal gré, la servante se soumit à la volonté de son maître, mais elle se promit bien de connaître cet homme qui ne mangeait pas de sel. Dans ce but, elle aida Abdallah, l'esclave d'Ali-Baba, à porter les plats sur la table et ses yeux, auxquels rien n'échappait, reconnurent tout de suite, malgré son déguisement, en cet hôte exigeant, le chef des quarante voleurs. Et en l'examinant plus attentivement encore, elle distingua qu'il dissimulait un poignard sous son habit.

«Je m'explique, maintenant, pourquoi le misérable ne veut pas manger de sel avec mon maître, il médite quelque mauvais coup... Heureusement, je suis là pour l'empêcher d'accomplir son dessein! se dit Morgiane, et elle se mit à faire ses préparatifs.

Après le dessert, elle posa auprès de son maître une petite table sur laquelle elle disposa le thé avec trois tasses, puis elle se retira discrètement, le service étant terminé. Le pseudo Khodjdah Houssain n'attendait que ce moment-là pour se venger d'Ali-Baba.

Cependant, Morgiane, au lieu de souper, comme elle aurait dû le faire, se vêtit d'un costume de danseuse, noua autour de sa taille une ceinture d'argent doré, où elle passa un poignard et appliqua sur son visage un très beau masque.

— Prends ton tambour de basque, dit-elle à Abdallah, et nous irons divertir l'hôte de notre maître comme nous le faisons quelquefois.

Ils pénétrèrent ainsi dans la sallon. Morgiane, après un salut, demanda la permission de faire voir ses petits talents d'agrément.

— Tu as eu là une bonne idée, Morgiane, dit Ali-Baba. Khodjah Houssain, mon esclave et ma cuisinière vont vous offrir un divertissement qui, je l'espère, vous sera agréable!

Khodjah Houssain parut enchanté, alors qu'en lui-même il maudissait ce fâcheux contretemps, qui venait déranger ses projets. Morgiane exécuta plusieurs danses successives, avec la souplesse et la grâce d'une danseuse de profession. Pour terminer, elle tira le poignard de sa ceinture et imagina des figures d'une diversité surprenante, feignant tour à tour de vouloir frapper un invisible spectateur, puis elle-même.

Enfin, elle prit le tambour de basque des mains d'Abdallah et, de la main gauche, le présenta à Ali-Baba puis à son fils, tandis que dans sa main droite, elle tenait le poignard. Khodjah Houssain avait déjà tiré sa bourse et se préparait à l'ouvrir quand Morgiane, en possession de tout son courage, lui enfonça le poignard dans le cœur, si profondément que la mort fut instantanée.

— Malheureuse! Qu'as-tu fait ! S'écrièrent ensemble Ali-Baba et son fils, profondément bouleversés. Veux-tu donc nous perdre?

— Je l'ai fait, au contraire, pour vous sauver la vie, répondit simplement Morgiane.

Et, dégrafant l'habit de Khodjah Houssain, elle montra à Ali-Baba le poignard dont il était armé.

— Comprenez-vous, maintenant, pourquoi votre hôte refusa de manger du sel avec vous ! Et ne reconnaissez-vous pas en lui le faux marchand d'huile, le chef des quarante voleurs?

A cette nouvelle, Ali-Baba embrassa la servante, tellement sa reconnaissance envers elle était grande, puis :

— Morgiane, je t'ai promis une récompense digne de tes bienfaits ; après t'avoir affranchie de l'esclavage, je te choisis pour belle-fille !

Le fils d'Ali-Baba consentit volontiers à épouser Morgiane; non seulement parce que tel était le désir de son père, mais encore parce que la jeune fille était si belle.

Le faux Khodjah Houssain fut enterré secrètement, sans que personne en eut connaissance, dans la fosse qui contenait le corps de ses trente-sept complices.

Quelques jours après, les noces du fils d'Ali-Baba et de Morgiane furent célébrées solennellement, en un magnifique festin. Tous furent unanimes à approuver cette union et vantèrent la générosité d'Ali-Baba.

Celui-ci, ignorant toujours ce qu'étaient devenus les deux voleurs qui complétaient la bande, se garda de retourner à la grotte enchantée. Cependant, n'ayant pas eu de leurs nouvelles au bout d'un an, il entreprit le voyage en s'entourant de mille précautions.

Il se présenta devant la porte et prononça le : « Sésame ouvre-toi » ; aussitôt, la porte s'ouvrit et un coup d'œil lui suffit pour se rendre compte que personne n'était entré dans la grotte depuis la mort du chef des brigands.

Il était donc seul au monde, maintenant, à connaître le secret de cet antre mystérieux. Tous les trésors qu'il renfermait étaient à lui et aux siens.

Et c'est ainsi que, de père en fils, dans la famille d'Ali-Baba, on se transmit le secret de ce fabuleux trésor, grâce auquel lui et ses descendants vécurent dans le luxe et la splendeur.

II. Les sept voyages de Sindbad-le-Marin

Sous le règne du puissant calife Haroun-el-Rachid vivait, à Bagdad, un pauvre portefaix appelé Chérif. Un jour d'aventure, il s'arrêta à l'ombre d'une maison, dans une rue paisible, pour prendre quelque repos, car il faisait très chaud et il était fort chargé.

Or, il n'était pas plutôt assis qu'une odeur agréable impressionnait ses narines, en même temps que d'harmonieux accords frappaient ses oreilles. Il en conclut qu'il devait y avoir grande réception dans la demeure auprès de laquelle il se trouvait; et la curiosité lui vint de savoir qui habitait là.

— Comment se nomme votre maître ? demanda-t-il à un domestique richement vêtu, qui se tenait à la porte.

Celui-ci parut étonné qu'on lui posât semblable question et répondit :

— Qui êtes-vous donc pour ignorer que l'hôte de cette maison est le seigneur Sindbad le marin, dont les voyages sont restés fameux ?

Sindbad ! Ce nom évoqua tout de suite à l'esprit du malheureux portefaix des richesses considérables, car l'immense fortune de ce grand seigneur était connue de tout le monde. Et Chérif, établissant des comparaisons, sentit naître en lui-même de la rancœur. Il ne put s'empêcher d'en faire part à son interlocuteur :

— Dieu tout puissant ! s'écria-t-il, alors que je peine et fatigue pour un labeur qui nourrit bien juste ma famille, le seigneur Sindbad mène une existence de fêtes et de délices continuelles... Hélas ! Qu'ai-je fait pour mériter un sort si misérable? Et lui qu'a-t-il fait pour avoir la vie si belle ?

Comme il achevait de dire ces mots, un homme le prit par le bras et lui dit, sans préliminaires:

— Suivez-moi... Mon maître, le seigneur Sindbad désire s'entretenir avec vous.

Interdit, effrayé, Chérif se refusa tout d'abord à obéir, alléguant qu'il ne pouvait laisser son fardeau en pleine rue.

— On y veillera pendant votre absence, dit le valet de Sindbad. Et il insista tant et tant que Chérif fut obligé de le suivre. Quelques secondes plus tard, on l'introduisait dans une vaste pièce, où les invités étaient réunis autour d'une table des mieux servies et que présidait un vieillard imposant et grave. De nombreux domestiques se tenaient derrière lui ; Chérif comprit que c'était le maître de la maison : le seigneur Sindbad.

Le pauvre portefaix était de plus en plus troublé et ne savait quelle contenance tenir et son embarras

atteignit à son comble quand le riche personnage le fit asseoir à sa droite afin qu'il prit part au repas.

Le festin s'achevait quand Sindbad, après avoir demandé à Chérif, son nom et sa profession, fit allusion aux paroles de dépit prononcées tout à l'heure par lui. Le portefaix en demeura confus et s'excusa de son mieux...

— Je ne vous fais aucun reproche, prononça le grand seigneur; seulement je tiens à dissiper votre erreur. En effet, vous vous imaginez que j'ai acquis sans peine les richesses dont je jouis à l'heure actuelle. Eh bien, vous vous trompez, car mon bonheur je l'ai chèrement payé !

Et, se tournant vers ses invités, il ajouta :

— Seigneurs qui êtes réunis aujourd'hui autour de ma table, vous ne connaissez sans doute pas mes extraordinaires aventures... Puisque l'occasion s'en présente, je veux vous faire le récit de mes sept voyages...

Avant de commencer, Sindbad, ordonna à ses domestiques de faire porter le fardeau de Chérif à sa destination, car c'est pour lui plus particulièrement, qu'il entendait narrer ses aventures.

Premier Voyage de Sindbad-le-Marin.

A la mort de mes parents, commença Sindbad, je me trouvai à la tête d'un joli patrimoine, qui m'eût permis de vivre paisiblement toute mon existence, si je ne l'avais gaspillé en vaines folies. Je ne tardai pas à me reprendre et réalisai, en toute hâte, le peu qui me restait pour m'en aller au loin. J'avais fait la connaissance de plusieurs négociants, avec lesquels je m'associai; et bientôt notre bateau partit pour les Indes Orientales.

En cours de route, nous nous arrêtâmes plusieurs fois en divers pays pour vendre ou échanger nos marchandises. Or, un jour, le temps absolument calme, nous força de faire halte à proximité d'une petite île. J'y débarquai avec plusieurs autres passagers et, pour passer le temps, nous nous mîmes à boire et à manger. Nous étions bien en train quand, tout à coup, une terrible secousse nous ébranla. Ceux qui étaient restés dans le vaisseau s'aperçurent également du tremblement de l'île et nous crièrent de rembarquer en toute hâte : nous n'étions pas sur une île, mais sur le dos d'une énorme baleine.

Cet avertissement causa la panique parmi nous; immédiatement, les uns sautèrent dans la chaloupe, les autres se jetèrent à l'eau pour regagner le bateau à la nage, quant à moi, je me trouvais encore sur la baleine, lorsque brusquement, elle plongea dans la mer; et j 'eusse, sans aucun doute, été englouti avec le puissant animal, si je ne m'étais raccroché à un morceau de bois qui flottait. Pendant ce temps, le capitaine avait fait hisser les voiles, le vent étant redevenu favorable à la navigation et, il donna le signal du départ.

Je me crus perdu et cependant, le courage ne m'abandonna pas. Durant la fin de cette journée et toute la nuit, je luttai contre le danger qui m'entourait de toutes parts. Enfin, au petit jour, je commençais à désespérer lorsqu'une vague me jeta contre une île. Je n'étais pas encore au bout de mes peines, car le rivage était escarpé et mes forces considérablement affaiblies par le manque de nourriture, rendaient l'ascension plus difficile. Je me traînais comme je pus, mangeant quelques herbes et j'eus le bonheur de découvrir une source où j'étanchai ma soif, ce qui contribua à me rétablir.

Je finis par atteindre le sol de l'île, et je marchai devant moi au hasard. Bientôt je distinguai une bête qui paissait au milieu d'un champ ; en approchant, je vis que c'était un cheval attaché à un piquet.

— Qui êtes-vous? me demanda un homme que je n'avais pas aperçu.

Je lui contai mon aventure, il s'empressa de m'offrir quelques aliments pour remonter mes forces et m'apprit que cette île était le royaume du prince Mansour au service duquel il était attaché. D'ailleurs, il me conduisit à son souverain, qui me fit très bon accueil et ordonna qu'on pourvut largement à mes besoins.

Je me plaisais en la société des marchands, surtout des étrangers, car j'espérais toujours en rencontrer quelqu'un qui me donnât des nouvelles de Bagdad et put me ramener. Je fréquentais assidûment le port, et j'assistais au déchargement de presque tous les bateaux; c'est ainsi qu'un jour, à mon grand étonnement, je vis mon nom écrit sur des ballots. Je les examinai et les reconnus comme étant bien ceux que j'avais emportés de Bagdad. Je m'informai, et quand je lus devant le capitaine, le doute ne me fut plus possible, c'était le capitaine du vaisseau sur lequel je m'étais embarqué.

— A qui appartiennent ces ballots? Lui demandai-je, persuadé qu'il me croyait mort.

— A un marchand de Bagdad, nommé Sindbad, répondit le capitaine. Et il me narra tout au long l'aventure de la baleine, en ajoutant que le propriétaire des ballots en question avait été noyé...

— J'ai donc résolu de vendre ses marchandises et j'en remettrai le produit à sa famille, quand l'occasion s'en présentera...

— Capitaine, lui dis-je alors, Sindbad n'est pas mort... Vous l'avez en face de vous qui vous parle ! Les ballots sont à moi !

— Que dites-vous ! s'écria-t-il ? Me prenant pour un imposteur. Vous prétendez être Sindbad alors que tous les passagers ont assisté comme moi à sa fin certaine... Vous entendez sans doute vous emparer du bien d'autrui ?

Pour le convaincre du contraire, je lui racontai comment j'avais échappé au péril, mais il ne fut complètement persuadé de la vérité de mon histoire qu'à l'arrivée des passagers; ils s'élancèrent vers moi avec joie quand ils me reconnurent. Le capitaine fut bien obligé de se rendre à l'évidence ; il me félicita d'avoir échappé à un tel danger et, séance tenante, me rendit mes ballots. Je voulus lui faire cadeau de quelques marchandises, mais il refusa de les accepter.

Je fis alors un choix de toutes les choses précieuses que contenaient mes ballots et les envoyai au roi Mansour en remerciement de son charmant accueil. Il fut très touché de mon attention et me combla de riches présents. Après avoir échangé les marchandises qui me restaient contre divers produits indigènes, je me rembarquai sur le même vaisseau.

Quand je rentrai à Bagdad, j'avais en poche plus de cent mille sequins, avec lesquels j'achetai des esclaves, de belles terres, une magnifique maison et pus mener grand train.

Sindbad termina ainsi le récit de son premier voyage. Après quoi ses invités continuèrent à festoyer jusqu'au soir.

Au moment de se retirer, il donna à Chérif une bourse de cent sequins et prit congé de lui sur ces mots :

— Retourne chez toi, Chérif. Et ne manque pas demain, de venir écouter la suite de mes aventures.

Ce royal présent apporta le bonheur dans la famille du pauvre portefaix qui, le lendemain, ne manqua pas de se rendre à l'invitation du grand seigneur.

Et c'est devant le même auditoire de la veille que Sindbad le marin entreprit le récit de son second voyage.

Second Voyage de Sindbad-le-Marin

Quoique je me sois bien promis de ne plus quitter Bagdad, je ne tardai pas à être repris par mon goût des voyages, et, comme la première fois après avoir fait l'acquisition d'un bon lot de marchandises, j'embarquai avec d'autres négociants dont la probité m'était connue.

Un jour, je mis pied, avec mes compagnons, sur une île absolument déserte, mais pourvue d'arbres fruitiers, de prairies et de ruisseaux. Nous nous dispersâmes chacun de notre côté; pour ma part, je déjeunai à l'ombre de grands arbres, tant bien que mal, puis une invincible somnolence m'envahit ; et je m'endormis. Combien de temps dura mon sommeil ? Je l'ignore. Toujours est-il qu'à mon réveil j'eus la stupéfaction de constater que le navire avait disparu.

Je regardai autour de moi et, n'aperçus plus aucun de mes compagnons de voyage. J'appelai; personne ne répondit. Et mes yeux, se dirigeant au large, distinguèrent le navire qui se perdait à l'horizon, toutes voiles dehors. Effrayé par cette solitude, je dus me résigner à mon triste sort. Je montai jusqu'au haut d'un arbre, dans l'espoir de découvrir quelque chose qui me laissât entrevoir le salut. Je vis quelque chose de blanc loin, très loin, sans pouvoir discerner ce que c'était. Je me dirigeai vers ce but ; et je dus marcher longtemps pour l'atteindre.

C'était une énorme boule blanche, sans aucune ouverture et qui pouvait bien avoir cinquante pas de circonférence. Comme j'en faisais le tour, le soleil, à son déclin, s'obscurcit brusquement ; je crus qu'un nuage épais voilait tout à coup son éclatante lueur, mais en tournant la tête j'aperçus un oiseau d'une grandeur et d'une grosseur prodigieuse qui volait dans ma direction; en considérant ses proportions gigantesques, je compris qu'il était la cause de cette soudaine éclipse.

A cette apparition, je me réfugiai tout contre la grosse boule blanche, mais l'immense volatile vint se poser dessus comme pour la couver; j'en conclus que c'était là son œuf, un des pieds de l'oiseau vint se poser devant moi, aussi gros qu'un tronc d'arbre. Une idée naquit en mon cerveau et je ne tardai pas à la mettre à exécution. Je déroulais la toile de mon turban et en fit un lien, grâce auquel je m'attachai fortement à l'énorme patte, dans l'espoir que l'oiseau, en reprenant son vol m'enlèverait de cette île déserte. C'est ce qui arriva en effet. Il m'emporta au haut des airs puis redescendit à une vitesse vertigineuse. Il ne se fut pas plutôt posé que je me détachai de sa jambe : je le vis prendre un volumineux serpent et l'emporter au bout de son bec.

Je me trouvais maintenant dans une vallée encaissée par de hautes montagnes absolument impraticables et dont le sol était parsemé de diamants d'une grosseur extraordinaire. La nuit, cette vallée était envahie par d'innombrables serpents dont la taille était si colossale qu'ils auraient pu facilement engloutir des éléphants. Le jour ces affreux reptiles se réfugiaient dans leurs antres, à l'abri du bec des gigantesques oiseaux.

Toute la journée, je pus donc me promener à travers la vallée, mais, à la tombée du soir, je m'abritai dans une grotte, dont j'obstruai l'entrée avec une grosse pierre, afin d'empêcher les serpents de venir me troubler dans ma retraite. Leurs sifflements, toutefois, ne me permirent pas de fermer l'œil de toute la nuit. Au lever du soleil, ils se retirèrent, je pus sortir de la grotte et j'errai longtemps, foulant au pied d'innombrables diamants, qui ne me tentaient nullement dans la situation où je me trouvais. A la fin, accablé de fatigue, je m'étendis à terre et m'endormis.

La chute d'une masse pesante, à mon côté, m'éveilla en sursaut; j'aperçus un gros quartier de viande fraîche et, au même moment, plusieurs autres semblables roulèrent du haut des rochers.

Je me rappelai alors l'histoire que des matelots m'avaient contée, plus d'une fois, et à laquelle je n'avais accordé que peu de foi. Certains marchands, disaient-ils, se rendent à la vallée des diamants à l'époque où les aigles ont leurs petits - ils y jettent d'énormes morceaux de viande; les pierres précieuses adhèrent après. Les aigles, qui sont d'une force surprenante, en ce pays-là, viennent chercher les quartiers de viande au fond de la vallée pour les donner en pâture à leurs aiglons. Mais, dès qu'ils les ont déposés dans leurs nids, les marchands accourent et les dispersent par des cris perçants. Ils peuvent alors s'emparer des diamants.

J'entrevis tout-à-coup une chance de salut et commençai par emplir mon sac de cuir des plus gros diamants que je rencontrai. Je choisis ensuite le plus long quartier de viande, je l'attachai autour de moi avec la toile de mon turban et je me couchai ventre à terre.

Au même instant, les aigles s'abattirent sur les quartiers de viande et l'un des plus puissants m'emporta jusque dans son nid. Tout se passa comme on me l'avait conté, à plusieurs reprises : les marchands crièrent pour effrayer les oiseaux ; et ceux-ci lâchèrent leur proie.

Leur étonnement fut grand quand ils m'aperçurent. Ils s'imaginèrent, tout d'abord, que j'étais là pour m'emparer des diamants. Je les rassurai en leur contant la singulière aventure qui m'était arrivée et dont je sortais sain et sauf.

Quand je fus dans leur habitation, j'ouvris mon sac de cuir pour leur faire voir les diamants que j'avais récoltés dans la miraculeuse vallée; leur grosseur les émerveilla. Ils n'en avaient jamais vu de pareils. Le plus petit représentait une fortune.

Les marchands demeuraient dans la contrée plusieurs jours encore. Ils la quittèrent quand chacun eut recueilli suffisamment de diamants. Je les accompagnai jusqu'au plus prochain port, où nous nous embarquâmes. En route, j'échangeai quelques-unes de mes précieuses pierres contre des marchandises et rentrai à Bagdad, avec une fortune immense, et qui avait failli me coûter la vie.

Ayant ainsi parlé, Sindbad donna encore cent sequins à Chérif. Puis il prit congé du portefaix et de ses autres convives, qu'il pria de venir le lendemain pour écouter le récit de son troisième voyage.

Troisième Voyage de Sindbad -le- Marin

Je m'ennuyais dans l'oisiveté, reprit Sindbad, le lendemain, c'est pourquoi je repris la mer pour faire du commerce. Or, je voyageais depuis un certain temps déjà, quand une violente tempête dérouta notre navire, qui fut jeté sur une île où les pires dangers nous guettaient. Le capitaine nous en prévint

— Je ne vous cèlerai pas, dit-il, que j'aurais évité, par tous les moyens, d'aborder dans cette île, si la chose m eût été possible; car elle est peuplée de nains sauvages et velus, que leur nombre rend excessivement dangereux. Si nous avions le malheur de toucher à l'un d'entre eux, ils tomberaient tous sur nous comme une nuée de sauterelles!

Hélas! Il n'y avait rien d'exagéré dans tout cela. Bientôt, une multitude invraisemblable d'êtres minuscules, se jeta à la nage pour assaillir notre navire, qui en fut bientôt tout noir. Ils avaient tout au plus deux pieds de haut et leur corps était recouvert de longs poils roux, ce qui les rendait effrayants. Ils eurent vite fait de déplier les voiles et de couper le câble de l'ancre, après quoi, ils nous firent atterrir dans leur île.

Nous ne doutions nullement de notre mort certaine et c'est sans espoir que nous avancions à l'intérieur de l'île, où nous découvrîmes un gigantesque palais. La curiosité nous vint d'y pénétrer. Quel spectacle s'offrit à nos yeux! D'un côté du vestibule des ossements humains s'amoncelaient et, de l'autre, une quantité considérable de broches à rôtir Nous n'étions pas remis de notre effroi qu'une porte s'ouvrait, livrant passage à un géant, si horrible, si effroyable que sa seule vue nous fit défaillir.

Ce monstre avait une figure noire, avec un seul œil au milieu du front, un seul œil rouge comme un tison. Ses dents, longues et aiguës ; sortaient de sa bouche fendue comme celle d'un cheval : la lèvre inférieure tombait jusque sur la poitrine et ses ongles étaient crochus comme les serres d'un oiseau de proie.

Il nous contempla longuement puis, me saisissant le premier, par la nuque, il m'examina avec une moue affreuse, me trouvant trop maigre, sans doute, pour sa pitance. Tous mes compagnons subirent le même examen; et le géant fixa son choix sur le capitaine, à cause de son embonpoint. Il le prit dans sa main, sans effort, l'embrocha, alluma un grand feu sur lequel il le fit rôtir, puis le mangea. Ceci fait, il se coucha et ronfla bientôt si fort que nous crûmes un moment entendre le tonnerre.

Nous passâmes la journée du lendemain à errer dans l'île, où nous trouvâmes des fruits et des plantes pour satisfaire notre faim et notre soif; mais, le soir, nous fûmes obligés de revenir au palais du géant, car nous n'avions rencontré aucun autre abri. Et le monstre ne manqua pas de sacrifier un des nôtres pour assouvir son insatiable appétit. Nous étions tous destinés à avoir le même sort; ce n'est pas sans écœurement que nous envisagions cette désagréable hypothèse ; et plusieurs de mes compagnons résolurent d'en finir tout de suite avec la vie plutôt que d'attendre une semblable mort...

Cependant, un autre émit une opinion contraire :

— Ne serait-il pas plus raisonnable, dit-il, que nous tentions de nous débarrasser de cet abominable géant?

Son opinion prévalut, surtout quand, à mon tour, j'eus exposé certaines idées en vue de réaliser ce projet.

Je proposai de construire plusieurs radeaux et de les laisser au bord de la mer jusqu'à ce que le moment soit venu de nous en servir utilement.

— Evidemment, ajoutai-je, ce seront de bien fragiles bâtiments, où notre vie sera bien en péril; mais n'estimez-vous pas, avec moi, qu'il est préférable d'être englouti dans les flots de l'océan plutôt que d'être la proie de cet horrible géant ?

Avant la fin de ce jour, les radeaux étaient construits et nous revînmes au palais, où nous dûmes assister au trépas d'un troisième compagnon. Mais dès que le géant se fut endormi, chacun des survivants fit rougir la pointe d'une broche et, d'un seul mouvement, nous les enfonçâmes dans son œil unique. La douleur l'éveilla en sursaut et il se mit à pousser des hurlements formidables, en étendant les mains pour nous saisir et se venger; mais nous réussîmes à lui échapper.

Nous passâmes la nuit auprès de nos radeaux, prêts à nous y réfugier, à la moindre alarme.

Nous espérions, aussi, que le géant mourrait de sa blessure et que, délivré de son odieuse et dangereuse présence, nous deviendrions maîtres de l'île. Il n'en fut malheureusement pas ainsi. Au lever du soleil, notre cruel ennemi nous apparut, conduit par deux géants de son espèce et suivi de nombreux autres du même genre.

Nous fûmes bientôt sur nos radeaux pour fuir le plus vite possible cette armée menaçante. Hélas ! Les géants ne perdirent pas de temps, eux non plus : ils ramassèrent de grosses pierres et les lancèrent dans notre direction, avec une adresse telle que tous les radeaux sombrèrent, sauf celui qui nous portait, moi et deux de mes compagnons.

Nous réussîmes à gagner la pleine mer et la chance, qui continuait à nous favoriser, nous fit échouer contre une île absolument déserte mais où nous trouvâmes des fruits excellents, dont nous pûmes rassasier notre appétit. Tout alla bien jusqu'au matin.

Un bruit insolite nous tira du sommeil et, comme nous en cherchions la cause, un immense serpent nous apparut, si long qu'il aurait bien atteint la hauteur d'un palmier. Avant que nous ayons pu fuir le reptile, il happait un de mes camarades dans sa gueule immense et l'engloutissait en un rien de temps. Epouvantés, terrifiés, nous nous éloignâmes en toute hâte.

La nuit suivante, pour nous mettre à l'abri de l'hôte dangereux de l'île, nous crûmes bien faire en nous perchant au haut d'un arbre très élevé. Mais cette précaution n'intimida nullement le serpent, qui s'enroula autour du tronc et fit subir à mon deuxième compagnon le même sort qu'au premier.

Mon désespoir fut immense et je faillis me précipiter dans la mer, pour échapper au péril qui me guettait. Cependant, je repris courage et j'employai ma journée à faire des fagots de ronces et d'épines sèches, dont je fis un grand cercle autour de l'arbre qui me servait d'abri. A la tombée de la nuit, je m'y enfermai complètement et grâce à ce rempart, j'échappai à la voracité du serpent dont toutes les attaques furent vaines.

Enfin, le soleil reparut et je pus sortir de ma forteresse; mais la perspective de continuer cette lutte contre un animal aussi puissant n'avait rien d'engageant; et c'est pourquoi je résolus d'aller me précipiter dans la mer, pour en finir avec tous ces tourments.

Dieu ne voulut pas qu'il en fut ainsi : comme j'approchais du rivage, mes yeux distinguèrent un navire dans le lointain. Je me mis à crier de toutes mes forces, en agitant la toile de mon turban en mouvements désespérés. Mes signaux furent aperçus de l'équipage; et le bateau vint m'arracher à une mort certaine.

Coïncidence étrange : le capitaine était celui-là même qui, lors de mon second voyage, m'avait abandonné dans l'île où je m'étais endormi. L'étonnement fut grand, de part et d'autre, quand nous nous reconnûmes. Le capitaine ne savait comment s'excuser de la faute qu'il avait commise — involontairement — à mon égard. Et il s'empressa de me remettre les ballots de marchandises m'appartenant, qui étaient restés à bord. J'en fis le commerce et, après avoir encore longuement voyagé, je revins à Bagdad avec d'innombrables richesses.

Quatrième Voyage de Sindbad-le-Marin

Le jour suivant Sindbad ayant de nouveau réuni autour de lui son auditoire habituel, raconta les péripéties de son quatrième voyage.

Aucun des plaisirs qu'on trouve dans les villes, commença Sindbad, ne pouvait me faire oublier le charme et l'imprévu des voyages. Je me rembarquai donc avec des marchands.

Dès le début de l'expédition, notre vaisseau fut empoigné par la tempête et sombra contre des récifs. J'eus le bonheur d'être parmi les rares privilégiés qui échappèrent à la mort; quant au chargement du navire, il fut complètement englouti dans le naufrage; de telle sorte que nous nous trouvions dans la pire détresse.

En nous éloignant du rivage de l'île où nous réussîmes à nous réfugier, des habitations nous apparurent et nous en vîmes sortir des hommes noirs. Ils s'emparèrent de nous et firent un partage entre eux. Je fus conduit dans la même maison que cinq de mes compagnons d'infortune. On nous invita à manger d'un certain herbage dont mes camarades se régalèrent: pour moi, je n'y touchai pas, car j'observais que nos hôtes se gardaient bien de goûter à ce mets. On nous servit ensuite du riz accommodé avec de l'huile de coco; mes compagnons, en mangèrent abondamment tandis que je n'en pris qu'à peine.

Je n'eus qu'à me féliciter de ces précautions : l'herbe que les noirs nous avaient servie était destinée à égarer notre esprit et le riz à nous engraisser. En effet, les habitants de cette île étaient anthropophages et avaient l'intention de nous manger quand nous serions à point.

Tel fut le sort de mes cinq camarades ; mais quand les nègres voulurent s'attaquer à moi ils s'aperçurent que j'étais trop maigre, car la peur du trépas m'avait rendu malade. Je fus donc épargné, et comme on se désintéressait de mes faits et gestes, je pris la fuite.

Je marchai pendant sept jours consécutifs, n'absorbant, pour toute nourriture, que des noix de coco. Enfin, le huitième, comme j'arrivais à proximité de la mer, je vis, dans un champ, des hommes de ma race en train de cueillir du poivre. Ils vinrent au-devant de moi et m'interrogèrent avec curiosité. Je ne fis aucune difficulté pour leur raconter par quelle suite d'aventures je me trouvais en ce lieu. Ils me témoignèrent une grande sympathie et, la récolte terminée, m'emmenèrent, sur le bateau qui les avait apportés, dans l'île qu'ils habitaient. Je fus présenté au roi, qui me promit aide et protection. Je lui plus, sans doute, car je ne tardai pas à être bien en cour auprès de lui à tel point que tous me traitaient comme une sorte de favori et me comblaient de prévenances. En un mot, j'avais trouvé là un séjour des plus agréables, d'autant plus que l'île était bien peuplée, fertile et commerçante.

Mais le roi ne s'imagina-t-il pas de me dire, un jour à l'improviste :

— Sindbad, j'ai pour toi la plus grande estime et je sais que mes sujets partagent mon sentiment... Aussi, j'ai l'intention de te marier, pour que tu ne penses plus à rejoindre ta patrie...

Bien que cette proposition ne fut aucunement de mon goût, je dus l'accepter pour ne pas mécontenter mon bienfaiteur. Il me fit donc épouser une dame de sa cour, choisie parmi les plus belles.

J'étais marié depuis quelque temps, lorsqu'un de nos voisins perdit sa femme. J'allai le trouver chez lui, pour lui présenter mes condoléances et l'abordai en ces termes :

— Que Dieu vous prête longue vie !

— Hélas ! répliqua-t-il d'un air morne. Votre souhait est bien inutile, puisque je n'ai plus qu'une heure à passer sur cette terre !

Je m'imaginais qu'en parlant ainsi, il se laissait emporter par son désespoir et je le consolai de mon mieux. Il s'aperçut alors que nous ne nous comprenions pas et prononça cette phrase, qui fut pour moi, une atroce révélation :

— On m'enterre aujourd'hui avec ma femme... Ainsi le veut une coutume que nos ancêtres nous ont léguée et qui a toujours été fidèlement observée dans cette île.

Je n'eus pas le temps de lui exprimer la surprise que me causait un usage aussi barbare subsistant chez un peuple civilisé car la famille et les invités se présentèrent pour la funèbre cérémonie. La morte fut vêtue de ses plus beaux habits et parée de tous ses bijoux, après quoi elle fut placée dans une bière découverte. Le mari conduisit le deuil jusqu'au haut de la montagne où le convoi s'arrêta. Le cadavre fut descendu dans un puits profond après qu'on eut soulevé la pierre qui en obstruait l'orifice. Puis, le mari fit ses adieux à toute l'assistance et, résigné se coucha dans une bière à côté d'un pot d'eau et de sept petits pains. Il fût à son tour descendu dans le puits, dont l'ouverture fut refermée avec la pierre... Ce spectacle m'avait écœuré à tel point que je ne pus cacher mon sentiment au roi.

— Sire, lui dis-je, cette coutume qui oblige à enterrer vivants et morts est indigne d'un Etat comme le vôtre, et je m'étonne qu'elle ait survécu si longtemps. Vous savez que je suis déjà allé en maintes contrées, que j'ai vécu chez maints peuples, et bien, je n'y ai jamais rencontré aucun usage qui égale celui-ci en cruauté !

— Je n'y puis rien, Sindbad, répondit le roi. C'est une loi commune pour tous; personne n'en est exempt, et j'y suis moi-même soumis comme le plus humble de mes sujets !

— En ce cas, Sire, permettez-moi une question encore : les étrangers ne sont sans doute pas obligés d'obéir à cette règle...

— Evidemment... à la condition, toutefois, ajouta-t-il, qu'ils ne se soient pas mariés dans cette île !

A partir de ce moment, la santé de ma femme ne cessa de me donner des inquiétudes. La moindre indisposition était pour moi sujet de grande terreur. Et le malheur voulut qu'elle fût emportée par une courte maladie, malgré les soins incessants dont je l'entourais.

Je n'avais donc échappé aux anthropophages que pour être enterré vivant ! Cependant je dus m'y soumettre.

Je pris donc place derrière la bière qui contenait le corps de ma défunte épouse. Le roi, sa cour et le plus beau monde de la ville suivaient mon convoi. Je ne montrai point la même résignation que mon voisin et tentai d'attendrir l'assistance :

— Je suis étranger, dis-je, par conséquent je ne devrais pas être soumis à vos lois. Ayez pitié de moi.

Mon discours ne persuada personne et je fus descendu dans le puits, malgré les cris épouvantables que je ne cessais de proférer.

Je me trouvai alors dans une vaste grotte d'où se dégageait une odeur pestilentielle de cadavres en décomposition, je crus percevoir aussi des soupirs de mourants. Horrifié je sortis de la bière et m'éloignai de tous ces morts, en proie au plus profond chagrin, souhaitant d'avoir péri au cours de mes naufrages plutôt que dans cet effrayant souterrain.

— Ah ! Pensai-je, pourquoi ne suis-je pas resté à Bagdad où m'attendait une vie si belle et si douce au sein de ma famille.

L'instinct de la conservation fut une fois encore plus fort que mon désespoir. Je cherchai à prolonger ma vie autant que cela m'était possible et je subsistai quelques jours avec le pain et l'eau qu'on avait placés dans ma bière. Ces vivres étant épuisés je recommençai à envisager la mort, quand j'entendis lever la pierre. Un mort fut descendu, c'était un homme; ce fut ensuite le tour de sa femme vivante, elle, naturellement. Je n'eus pas une seconde d'hésitation: je m'emparai d'un gros os et la bière n'eut pas plus tôt effleuré le sol de la grotte que j'assénai un formidable coup sur la tête de la malheureuse. Je l'assommai pour pouvoir m'emparer du pain et de l'eau descendus avec elle ; et cela me permit de vivre encore quelques jours.

Les événements me servirent à souhait. A partir de ce moment les morts se succédèrent, dans la ville, avec assez de fréquence pour que je ne mourusse pas de faim, grâce à mon cruel stratagème.

Or, un jour, comme je venais de faire une nouvelle victime, je perçus un bruit de pas dans la grotte, et j'entendis souffler. Intrigué, je voulus me rendre compte de la cause de ce bruit insolite et j'aperçus une ombre qui fuyait devant moi. Je la suivis un bon moment et qu'elle ne fut pas ma surprise en découvrant, tout à coup, une faible lueur qui filtrait dans le souterrain. Je pressai le pas, le cœur battant d'un subit espoir, et mon émotion fut indescriptible lorsque je m'aperçus que cette soudaine clarté provenait d'une fente pratiquée dans le rocher. Je m'y hissai en tremblant et je ressentis une joie immense: j'étais sur le bord de la mer. Une fois de plus, Dieu m'avait sauvé du péril. L'ombre que j'avais suivie, je me l'expliquais maintenant, était celle de quelque animal venu de la mer pour dévorer les cadavres humains entassés dans la grotte.

J'y retournai pour chercher ma provision de pain et j'en profitai pour ramasser, à tâtons, dans l'obscurité, les diamants, les rubis, les perles, les bijoux, et toutes les riches étoffes que je trouvai sur les morts. Je portai tout mon butin au bord de la mer, et j'attendis patiemment qu'un bateau vint à passer.

L'occasion se présenta bientôt. J'alléguai un naufrage, que le capitaine et son équipage ne mirent nullement en doute, et c'est ainsi que je revins à Bagdad, chargé de richesses considérables.

Les auditeurs de Sindbad le marin étaient de plus en plus émerveillés par le récit de ses aventures et lui témoignèrent son admiration. Quand a Chérif il reçut un nouveau présent de cent sequins et fut convié à venir, le lendemain, à la même heure avec les autres invités pour écouter le cinquième voyage.

Cinquième Voyage de Sindbad-le-Marin.

Cette fois, dit Sindbad. Je fis construire et équiper un navire à mes frais pour repartir dans les aventures. Néanmoins, je reçus à bord plusieurs négociants avec leurs ballots.

Nous abordâmes en premier lieu dans une île déserte et la première chose que nous y trouvâmes fut un de ces œufs d'une grosseur fabuleuse qui m'avait tant intrigué, lors de mon second voyage, vous vous en souvenez. Je conseillai à mes compagnons de route de ne pas y toucher, mais ils ne tinrent pas compte de mon avertissement. Ils cassèrent l'œuf et en tirèrent l'énorme oiseau par morceaux pour le faire rôtir et le manger.

A peine avaient-ils terminé leur repas que le ciel sembla s'obscurcir de deux nuages énormes... C'étaient le père et la mère de l'oiseau que mes compagnons avaient arraché de l'œuf. Ces immenses et redoutables volatiles poussèrent des cris déchirants en s'apercevant du méfait. Craignant leur vengeance, nous nous éloignâmes du rivage à toute vitesse; mais, bientôt, les deux oiseaux fonçaient dans notre direction, tenant chacun entre leurs griffes un énorme bloc de rocher. Quand ils furent au-dessus de notre bateau, l'un d'eux laissa tomber sa charge, un coup de timon adroitement donné fit que le bloc alla s'engloutir dans la mer avec un immense fracas d'eau. Malheureusement, il fut impossible de parer la chute du deuxième bloc, qui tomba juste au milieu du bâtiment et le réduisit en pièces. Matelots et passagers furent en partie écrasés, d'autres se noyèrent; pour ma part, je pus me raccrocher à une épave et j'échappai une fois de plus au naufrage.

J'abordai dans une île dont le séjour me parut délicieux, couverte qu'elle était d'arbres fruitiers et de ruisseaux d'eau claire. La solitude seule m'effrayait et je passai la nuit dans d'atroces cauchemars suscités par la peur. Dès l'aube, j'étais debout et me mettais en marche vers l'intérieur de l'île. Je rencontrai bientôt un vieillard très cassé, très voûté, assis au bord d'un ruisseau. Je ne le reconnus pas pour un naufragé de notre navire, malgré cela, je l'abordai. Il laissa sans réponse les questions que je lui posai et me fit comprendre, par signes, de le charger sur mes épaules pour aller cueillir des fruits de l'autre côté du ruisseau.

Je m'empressai de lui rendre le service qu'il me demandait et, quand je l'eus traversé je me baissai en le priant de descendre. Il n'en fit rien ; bien au contraire, se pencha sur mes épaules en serrant ses jambes autour de mon cou, avec une force telle que je crus qu'il allait m'étrangler.

Au comble de l'effroi, je tombai à terre et m'évanouis.

L'horrible vieillard ne me lâcha pas pour cela, il desserra seulement un peu son étreinte afin que je puisse reprendre connaissance. Dès que je fus revenu à moi, il m'appuya un de ses pieds sur l'estomac et, de l'autre me donna des coups dans le côté, pour m'obliger à me relever. Je dus obéir et me mettre en route avec ce fardeau sur mes épaules. De temps en temps, il m'ordonnait de m'arrêter sous quelque arbre dont il mangeait le fruit.

La nuit ne me délivra pas de cette épouvantable étreinte. Le vieillard s'étendit à terre avec moi, les jambes toujours liées à mon cou; il m'éveilla le matin, me força à me lever et commença à m'éperonner de ses pieds pour me faire marcher. J'étais ainsi chargé depuis plusieurs jours de ce fardeau dont il m'était impossible de me défaire, quand je trouvai des calebasses sèches, sous un arbre dont elles étaient tombées. Je choisis la plus grosse, je la nettoyai, puis j'y pressai le jus d'une certaine quantité de raisin, l'île étant très riche en vignes. Je pus ainsi me régaler d'un excellent jus de raisin, qui me donna des forces et me fit oublier momentanément la tristesse de ma situation.

Le vieillard ne fut pas sans remarquer l'effet que m'avait produit cette boisson et il me fit comprendre qu'il désirait en boire. Je lui passai la calebasse, et il la vida d'un trait, tellement le goût lui parut agréable.

Il ignorait les effets de cette dernière liqueur ; il en avait trop bu et, à son agitation anormale, je compris qu'il était ivre. Peu à peu, ses jambes se desserraient autour de mon cou ; bientôt elles ne m'étreignirent pour ainsi dire plus. D'une secousse je le jetai à terre, où il tomba inanimé.

Sans perdre une seconde, et tout à la joie d'être débarrassé de cet étrange fardeau, je regagnai rapidement la côte et j'eus la chance d'y rencontrer un navire mouillé là pour faire de l'eau. Mon aventure causa un grand étonnement aux gens de l'équipage, qui m'en donnèrent l'explication.

— Vous avez eu à faire au vieillard de la mer : il était redouté des navigateurs car il étranglait tous ceux qui abordaient dans son l'le ; et vous êtes certainement le premier qui lui ait échappé.

Ceci dit, ils m'emmenèrent avec eux et, quelques jours plus tard, nous débarquâmes dans une grande ville. Je m'étais lié, sur le bateau, avec un négociant qui me donna un grand sac et pria des gens de la ville de vouloir bien m'emmener avec eux pour ramasser du coco. Ils me conduisirent dans une forêt de cocotiers dont les arbres étaient si hauts et si droits qu'il eut été impossible d'atteindre leurs branches. A notre arrivée, les singes qui s'ébattaient à terre prirent la fuite et grimpèrent jusqu'au haut des cocotiers avec une étonnante agilité.

Aussitôt, les marchands que j'accompagnais prirent des pierres et les lancèrent aux singes, qui répondirent à coups de noix de coco, avec une colère grandissante.

Nous remplîmes nos sacs, en continuant à exciter les singes, de temps à autre; puis nous rentrâmes à la ville, où le négociant qui m'avait envoyé à la forêt me paya la valeur du sac de cocos que j'avais rapporté... Et il me conseilla d'en faire chaque jour autant, afin de me constituer un petit pécule qui me permit de retourner dans ma patrie.

Je l'écoutai et je m'en trouvai bien : au bout de quelque temps j'avais récolté une grande quantité de cocos, ce qui représentait une somme considérable, grâce à laquelle je pus reprendre la mer. Le bateau fit escale dans une île où je m'approvisionnai de bois d'aloès, puis je me rendis à la pêche des perles. J'engageai à mon compte plusieurs plongeurs qui me rapportèrent du fond de l'océan des perles inestimables par leur grosseur et leur perfection, de telle sorte que je rentrai dans ma ville natale avec de grandes richesses, dont j'abandonnai une partie pour les pauvres.

Sindbad ayant ainsi parlé s'arrêta. Chérif reçut cent sequins comme les jours précédents: et toute la société prit congé du marin jusqu'au jour suivant.

Sixième Voyage de Sindbad-le-Marin.

Il vous paraîtra sans doute surprenant, reprit Sindbad, le lendemain, qu'après cinq voyages aussi périlleux que ceux dont je vous fis le récit, je fus encore d'humeur à entreprendre une expédition. C'est pourtant ce qu'il advint, quand j'eus pris quelque repos.

Je traversai la Perse et les Indes pour aller m'embarquer sur un bâtiment dont le capitaine voulait entreprendre un long voyage ; il fut, en tout cas, très malheureux, car le navire perdit sa route; et, un jour, le capitaine quitta son poste, en proie au plus violent désespoir, se frappant la tête, pour nous annoncer cette nouvelle peu encourageante :

— Nous sommes perdus ! Le navire vient de s'engager dans un courant très dangereux et très rapide, qui l'emporte sans qu'on puisse y remédier... Nous n'en avons plus pour longtemps à vivre, à moins que Dieu ne nous secoure... Lui seul maintenant peut nous sauver!

A peine achevait-il de prononcer ces mots que le bateau était projeté contre une montagne au sommet inaccessible où il s'éventra. Avant qu'il fût complètement coulé, nous eûmes, toutefois, le temps de débarquer les vivres et les plus précieuses marchandises. Nous explorâmes ensuite le lieu où nous étions : c'était une grande île d'un aspect infiniment désolé, couverte d'épaves de vaisseaux naufragés et d'une quantité considérable d'ossements. Nous en conclûmes que des navigateurs étaient venus échouer sur ce lugubre rivage où s'amoncelaient des richesses immenses et une quantité de marchandises inimaginable.

Mais nous étions indifférents à tout cela, dans la douloureuse perspective d'un trépas inévitable et prochain. Nous avions fait le partage des vivres échappés au naufrage, ce qui nous permit de subsister quelques jours au bout desquels la mort commença à nous décimer. Je ne tardai pas à me trouver seul, après avoir enterré successivement tous mes compagnons. Il me restait si peu de vivres que je creusai ma propre fosse, décidé à m'y précipiter quand je me sentirais à bout de forces.

Cependant, j'eus la curiosité de suivre le cours d'une rivière qui allait se perdre sous la voûte d'une grotte. Et je me tins ce raisonnement :

—Cette rivière, quoique souterraine, doit forcément déboucher quelque part... je vais donc construire un radeau et je me laisserai emporter au gré du courant... Mourir ici ou ailleurs, qu'importe... Je puis toujours douter d'échapper au péril qui a coûté la vie à mes compagnons...

Je me mis immédiatement à la tâche et chargeai sur mon radeau, quand il fut achevé, une ample provision de rubis, d'émeraudes et autres pierres précieuses. Je ramai jusqu'à l'entrée de la voûte, puis je me laissai aller au fil de l'eau, dans une profonde obscurité, qui ne cessa de plusieurs jours. A la fin, mes vivres étant complètement épuisés, je tombai dans une profonde torpeur. Combien de temps restai-je ainsi? Je l'ignore. Tout ce que je puis dire c'est qu'en ouvrant les yeux, je me vis dans une verte campagne entouré de nègres qui m'examinaient curieusement.

Je leur parlai, mais ils ne parurent pas me comprendre. Au comble de la joie que me causait le salut, je me mis à réciter ces vers arabes :

Invoque le Tout-Puissant; il te secourra,

Et tu n'as pas à t'occuper d'autre chose.

Clos ta paupière et pendant ton sommeil

Dieu transformera le mal en bien...

Justement, un de ces hommes noirs comprenait l'arabe ; il se dirigea vers moi et, s'exprimant dans ma langue, il m'expliqua que ses, camarades et lui habitaient la plaine voisine. Ce jour-là, ils étaient venus au bord de la rivière arroser leurs champs et c'est ainsi qu'ils avaient pu apercevoir le radeau sur lequel j'étais endormi.

Je commençai par manger de plusieurs mets qu'ils m'apportèrent, puis je fis aux nègres le récit de mes aventures, que l'interprète leur traduisit mot à mot dans leur langue. Ils m'invitèrent à venir trouver leur roi, ce que j'acceptai. Ils envoyèrent immédiatement chercher un cheval et m'escortèrent jusqu'à la ville, portant mon radeau sur leurs épaules.

Je dus faire au roi un nouveau récit de mon aventure et il en demeura si surpris qu'il voulut qu'elle fut écrite en lettres d'or et conservée dans les archives de son royaume. Il admira sans réserve les rubis que contenaient mes ballots et comme je les lui offrais, il me répondit :

— Sindbad, gardez toutes vos richesses... je n'en veux point accepter la moindre parcelle, au contraire, j'entends vous faire moi-même de larges présents.

Je remerciai ce prince libéral en faisant des vœux pour la prospérité de son royaume, et il me fit installer aussi confortablement que possible dans sa ville. J'y séjournai quelques jours, durant lesquels j'employai mon temps à visiter l'île, puis je demandai au roi de bien vouloir m'accorder la permission de retourner dans mon pays. Il y consentit de très bonne grâce, à la condition que je voulusse bien accepter un riche souvenir de lui. Quand je fus sur le point de partir, il me chargea en outre d'un magnifique présent et d'une lettre destinés au calife Haroun-el-Rachid, commandeur des croyants. Je lui promis de m'acquitter consciencieusement de la délicate mission dont il voulait bien me charger pour notre souverain seigneur.

La lettre du roi des nègres était écrite en caractères d'azur sur la peau d'un animal excessivement rare et par là même fort précieux. Elle était ainsi conçue :

Le roi des Indes devant qui marchent mille éléphants, qui habite dans un palais dont le toit scintille de l'éclat de cent mille rubis et qui possède dans son trésor vingt mille couronnes enrichies de diamants, au Calife Haroun-El-Rachid.

« Veuillez accepter en frère et en ami le présent que nous vous envoyons, bien qu'il soit de peu d'importance. Nous vous prions de le recevoir comme un témoignage de notre amitié et nous espérons que le même sentiment existe dans votre cœur à notre égard. »

Ces cadeaux comprenaient un vase de rubis, d'un demi-pied de hauteur et d'un doigt d'épaisseur, creusé et travaillé en coupe, laquelle était remplie de magnifiques perles rondes ; une peau de serpent aux écailles de la grandeur d'une pièce de monnaie possédant la vertu de préserver de tous les maux ceux qui s'étendent dessus; le tout accompagné d'une esclave d'une éblouissante beauté vêtue de riches habits couverts de pierreries.

Dès mon arrivée à Bagdad, je me présentai chez le commandeur des croyants, suivi de la belle esclave et des membres de ma famille, porteurs des présents du roi des Indes. Je fis connaître le motif de ma visite et fus aussitôt introduit auprès du calife. Haroun-el-Rachid prit connaissance de la lettre et me demanda si le roi des Indes était aussi puissant et riche qu'il le prétendait.

— Commandeur des Croyants, répondis-je en m'inclinant respectueusement, ce prince n'a rien exagéré, je puis l'assurer à Votre Majesté. Il règne en son palais une magnificence telle qu'elle force l'admiration. D'autre part, lorsqu'il veut paraître devant son peuple, on lui dresse un trône sur un éléphant et il avance au milieu d'une double file composée de ses ministres et de ses favoris. Sur le même éléphant, et devant lui, un officier tient une lance d'or à la main; un autre est debout derrière le trône et porte une colonne d'or. Ce prince généreux est en outre précédé d'une garde de mille hommes, vêtus de drap d'or et de soie, et montés sur des éléphants richement caparaçonnés.

Le calife Haroun-el-Rachid parut satisfait de mes explications et me congédia non sans m'avoir fait quelque cadeau.

Sindbad-le-Marin ayant achevé le récit de son sixième voyage remit cent sequins à Chérif et pria son fidèle auditoire de revenir le lendemain pour entendre la fin de ses extraordinaires aventures.

Septième et dernier Voyage de Sindbad-le-Marin.

C'est bien contre mon gré que j'entrepris mon septième et dernier voyage car je m'étais bien promis de jouir tranquillement de ma fortune auprès des miens.

Un officier du calife Haroun-el-Rachid vint un jour m'avertir que Sa Majesté m'appelait au palais. Je m'y rendis et le Commandeur des croyants me dit après que je l'eus salué:

- Sindbad, j'ai un service à vous demander... Je ne puis laisser sans réponse la lettre dont le roi des Indes vous chargea... Je compte sur vous pour porter ma missive et les présents qui doivent l'accompagner !

— Il est de mon devoir d'obéir aveuglément aux ordres de Votre Majesté... Cependant, je me permettrai de vous faire remarquer qu'après avoir tant souffert dans mes précédents voyages, j'ai fait vœu de ne plus quitter Bagdad...

Et je contai mes aventures en détail au puissant calife qui parut leur prêter une oreille attentive...

— Evidemment, reconnut-il quand j'eus achevé mon récit, tout cela ne manque pas d'être extraordinaire. J'espère bien, pourtant, que vous ne refuserez pas, pour ce simple motif, d'accomplir la mission dont je viens de vous entretenir...

Je dus m'incliner devant le désir du calife, qui me fit donner mille sequins pour mes frais de voyage.

Je partis quelques jours plus tard: la traversée fut excellente et j'arrivai sans encombre chez le roi des Indes, à qui je remis la lettre et les présents du calife Haroun-el-Rachid. Ces derniers consistaient en un lit complet de drap d'or valant mille sequins, cinquante robes de riche étoffe, cent autres de toile blanche fine, un second lit cramoisi, un vase d'agate dont le fond représentait en bas-relief, un homme tirant de l'arc; enfin une riche table qui provenait, suivant la légende, du grand Salomon. Quant à la lettre elle était ainsi rédigée.

« Abd-Allah Haroun-el-Rachid, calife et prince des croyants, que Dieu a honoré de la succession de ses glorieux ancêtres, a l'honneur de saluer l'heureux et puissant sultan des Indes.

« Votre lettre nous a causé le plus vif plaisir et nous vous adressons celle-ci pour que vous soyez assuré de notre amitié. »

Le roi fut très heureux de ce message de sympathie aussi quand je pris congé de lui avec sa permission, me fit-il un magnifique cadeau, en me souhaitant un bon retour.

Trois jours après mon départ, notre vaisseau fut attaqué par des corsaires. Ils mirent à mort les malheureux qui voulurent leur résister; quant aux autres ils furent fait esclaves. J'étais parmi ceux-là. Ils nous dépouillèrent, puis nous vendirent et c'est ainsi que j'échouai chez un riche marchand. Il me traita convenablement et lorsqu'il fut au courant de mon histoire, me demanda si je savais tirer de l'arc.

— Ma foi, répondis-je... ce fut un des exercices préférés de mon jeune temps... et je ne pense pas l'avoir complètement oublié.

Il me conduisit dans une immense forêt assez éloignée de la ville où il habitait.

Il s'arrêta au plus profond de la forêt, me remit un arc et des flèches et, me désignant un grand arbre:

— Vous allez monter tout au haut, me dit-il, et vous tirerez sur les éléphants qui passeront à proximité, car il y en a beaucoup dans cette forêt. Si vous en frappez un, venez m'avertir aussitôt.

Il me laissa donc en cet endroit, avec des vivres suffisant et je passai toute la nuit à l'affût des gros animaux. Je n'en aperçus que le lendemain au petit jour, et réussis à en tuer un. J'allai immédiatement prévenir mon maître qui me félicita de mon adresse. Il creusa dans la forêt, une fosse où nous enterrâmes l'éléphant, mon patron se proposant de s'emparer des défenses d'ivoire, dont il faisait le commerce, quand la mort aurait fait son œuvre de destruction.

Deux mois durant, je me livrai à cette chasse fructueuse puisque j'abattais chaque jour un animal. Un matin comme je m'apprêtais à tirer sur la troupe, j'eus la surprise de voir un grand nombre d'éléphants entourer l'arbre sur lequel j'étais juché, et tous se mirent à me regarder en lançant leurs trompes en avant. Je fus tellement effrayé que je laissai échapper mon arc et mes flèches. Aussitôt un des plus gros éléphants lia sa trompe autour du tronc et, tirant un bon coup, il le déracina. Je suivis l'arbre dans sa chute, mais je n'eus pas le temps de toucher terre : l'animal m'enleva au bout de sa trompe et me fit asseoir sur son dos, puis il prit la direction de la troupe et me transporta ainsi à une certaine distance ; là, il me déposa à terre et disparut avec ses compagnons.

Mon premier moment de stupeur passé, je me levai pour examiner le lieu où je me trouvais. C'était une colline couverte d'ossements et de défenses d'éléphants. Je compris alors pourquoi ces animaux m'avaient amené en cet endroit et je ne pus m'empêcher d'admirer leur instinct. Sans aucun doute je me trouvais au milieu de leur cimetière et ils m'y avaient conduit afin que je découvrisse la grande quantité d'ivoire qui y gisait inutilisée. Connaissant cette source jusqu'alors insoupçonnée je n'aurais plus besoin de faire de victimes.

Je m'orientai vers la ville et, après avoir longtemps marché, j'arrivai chez mon patron.

— Ah! Pauvre Sindbad, s'écria celui-ci en me voyant. Je ne croyais plus te revoir jamais! Que t'est-il donc survenu?

Je le lui racontai et le menai à la colline, dont nous rapportâmes une grande charge de défenses. Mon maître était dans une telle joie, à notre retour, qu'il s'écria :

— Désormais tu es libre... Je ne veux plus te traiter en esclave, car ta découverte fera ma fortune... et la tienne en même temps, car j'entends partager avec toi!

— Je vous suis reconnaissant de m'accorder la liberté... et je ne vous demande pas d'autre récompense que la permission de retourner dans mon pays...

— Entendu, dit-il. Justement des navires viendront prochainement charger l'ivoire, tu n'auras plus qu'à t'y embarquer...

En attendant, nous continuâmes à faire une ample provision de l'ivoire que la colline nous fournissait en abondance. Et quand les navires arrivèrent mon ancien maître voulut choisir lui-même celui qui devait m'emmener. Il le chargea, pour mon compte, d'une grande quantité d'ivoire, de provisions de toutes sortes; et je ne sus comment le remercier de tous ses bienfaits.

Mon retour à Bagdad fut heureux. Je rapportais de mon voyage une grosse somme d'argent tirée de l'ivoire que j'avais vendu en route. J'allai trouver le calife et lui contai les péripéties de mon voyage. Il décida que mes aventures seraient écrites en lettres d'or, par un de ses secrétaires, pour être conservées dans son trésor. Il me fit ensuite de fort beaux présents et je rentrai définitivement dans ma famille, bien résolu cette fois à ne plus la quitter.

Sindbad fit une légère pause et, se tournant vers Chérif :

— Eh bien, mon ami. Qu'en dites-vous? Ne trouvez-vous pas que j'ai assez souffert pour jouir maintenant de la fortune et du bonheur?

Le portefaix lui prit la main, la baisa et prononça avec une profonde admiration :

— Seigneur, vous êtes digne de tous les biens que vous possédez, car les périls que vous avez courus sont effroyables, et mes peines ne sont pas comparables aux vôtres. Je souhaite donc que vous viviez heureux pendant de longs jours!

Le généreux Sindbad remit encore cent sequins à Chérif. Le pauvre portefaix grâce aux incessantes générosités de l'illustre marin, n'eut plus besoin de reprendre son ingrate besogne et vécut dans l'aisance, ainsi que sa famille.

ALADIN
et La Lampe Merveilleuse

Il était une fois, dans la capitale du royaume de Chine, un tailleur nommé Mustapha, qui vivait misérablement du produit de son travail. 11 avait un fils, Aladin, qui faisait son désespoir tellement il était paresseux et vagabond. Le pauvre homme eut tant de chagrin de voir son fils tourner aussi mal qu'il en mourut.

A quelque temps de là, Aladin était en train de jouer sur une place avec des gamins de son âge, quand un homme s'arrêta et l'examina un bon moment.

L'inconnu prit ensuite des renseignements sur Aladin, auprès des gens du quartier, après quoi il revint et l'attirant à part :

– Dites-moi, mon enfant, votre père n'est-il pas Mustapha ?

– En effet, mon père s'appelait ainsi, répondit Aladin, mais il est mort depuis un certain temps déjà!

A ces mots, l'étranger prit le jeune homme dans ses bras et l'étreignit en pleurant :

– Je suis votre oncle, mon enfant. Je voyage depuis de nombreuses années et j'étais revenu avec l'espérance de le retrouver en bonne santé. Enfin, mon neveu, vous êtes là pour me consoler de la disparition de mon frère! Et votre mère, où habite-t-elle?

Aladin désigna la maison.

L'étranger qui se prétendait son oncle et qui, en réalité, était un magicien venu d'Afrique, tira de sa bourse une poignée de monnaie qu'il remit au jeune homme en lui disant :

— Allez chez votre mère, vous lui présenterez mes compliments et lui annoncerez ma visite pour demain.

La mère du jeune Aladin fut bien surprise en apprenant que son fils avait rencontré son oncle, attendu que le frère de Mustapha était mort depuis très longtemps.

Le lendemain, le magicien envoya deux pièces d'or à la mère d'Aladin et s'invita à souper.

— Ne vous étonnez pas, ma sœur, lui dit-il, si vous ne m'avez point connu du vivant de mon bon frère... Il y a quarante ans que j'ai quitté ce pays; et depuis ce temps-là, j'ai voyagé un peu partout... Mais, à la fin, le désir m'est venu de revoir ma ville natale et ma famille.

Puis il interrogea Aladin sur ses occupations et apprit que le jeune garçon était un fainéant, uniquement occupé à vagabonder du matin jusqu'au soir... Il le lui reprocha vivement.

— Vous devez songer à gagner votre vie, mon fils, et si le métier de votre père ne vous convient pas, il y en a bien d'autres où vous pourriez vous faire une situation honorable... Pour ma part, je serais disposé, si la chose vous convenait, à vous louer une boutique de marchand d'étoffes...

— Oh! Mon oncle! s'écria Aladin, je vous serais vraiment obligé, car le métier de marchand m'agréerait plus qu'aucun autre!

— Eh bien, puisqu'il en est ainsi, dès demain, je vous ferai habiller convenablement... je vous présenterai à quelques marchands et, ensuite, nous chercherons une boutique.

Quand Aladin fut revêtu de ses beaux habits neufs, il ne se connut plus de joie et ne sut comment remercier son oncle de ses bienfaits. Celui-ci lui fit alors faire la connaissance de plusieurs négociants, selon sa promesse, et comme le lendemain était un vendredi, c'est-à-dire le jour de repos, il proposa à son neveu de l'emmener dans les jardins où se réunissait le monde élégant.

Le magicien, quand ils furent sortis de la ville, lui fit voir de magnifiques palais entourés de jardins plus magnifiques encore. L'émerveillement d'Aladin allait croissant et il n'avait pas assez d'yeux pour voir et admirer. Ils marchèrent longtemps, traversèrent de nombreux jardins, après quoi ils se trouvèrent en pleine campagne. Ils arrivèrent ainsi dans un petit vallon, entre deux collines d'égale hauteur.

— Mon fils, dit le magicien africain, en s'arrêtant, c'est en ce lieu que je voulais vous amener, afin de vous initier à des choses extraordinaires, ignorées du commun des mortels ! Faites un tas de broussailles sèches, je vous prie, pour allumer du feu...

Aladin, quoique très intrigué, obéit, et quand elles furent bien enflammées, il vit le magicien verser un liquide sur le feu; il s'en éleva aussitôt une épaisse fumée qu'il dispersa à tous les vents en prononçant de mystérieuses paroles... En même temps, la terre fut agitée d'un léger tremblement et s'entrouvrit, mettant à découvert une grosse pierre carrée, posée horizontalement et munie, en son milieu, d'un anneau destiné à pouvoir la soulever.

Le jeune homme s'effraya, à ce spectacle surnaturel, et voulut fuir. Le magicien le retint avec brutalité.

— Je suis votre oncle, et vous devez m'obéir ! déclara-t-il. Sachez donc que, sous cette pierre, un trésor est caché qui vous est destiné : mais, pour l'obtenir, il faut que vous exécutiez tout ce que je vais vous dire...

— Commandez, mon oncle, je vous obéirai ! s'écria Aladin, que la perspective d'un trésor avait rassuré.

— Eh bien, prononcez le nom de votre père et de votre grand-père en empoignant l'anneau : la pierre viendra à vous sans peine...

Aladin y réussit avec la plus grande facilité et aperçut un caveau assez profond avec un escalier conduisant à une petite porte.

— Descendez dans ce caveau, lui ordonna le magicien; par cette porte vous arriverez dans une voûte divisée en trois grandes salles. Vous les traverserez. Au fond de la troisième, vous trouverez une porte donnant accès sur un jardin planté de beaux arbres chargés de fruits. Vous suivrez le chemin qui traverse ce jardin et vous aboutirez sur une terrasse où vous verrez, dans une niche, une lampe allumée. Prenez cette lampe, éteignez-la, videz-la et apportez-la-moi !

Comme Aladin se préparait à descendre, le magicien lui passa au doigt un anneau qui devait le protéger contre le mal qui pourrait lui arriver. Le jeune homme suivit ses instructions point par point et, lorsqu'il se fut emparé de la lampe et l'eut cachée sur sa poitrine, il revint sur ses pas ; en passant, il cueillit quelques-uns des fruits qui pendaient aux arbres du jardin et se présenta à l'entrée du caveau, où le magicien l'attendait avec impatience.

— Mon oncle, dit Aladin, donnez-moi la main pour m'aider à monter...

— Donnez-moi d'abord la lampe! objecta le magicien...

— Pas du tout... je vous la remettrai aussi bien lorsque je serai sorti d'ici...

La résistance d'Aladin mit le magicien dans une rage folle ; il jeta de son liquide sur le feu qu'il avait entretenu avec soin, en prononçant quelques paroles magiques; immédiatement la pierre reprit sa place à l'entrée du caveau et toutes choses rentrèrent dans un ordre parfait.

Le malheureux Aladin était, sans aucun doute, destiné à mourir dans cet antre mystérieux où personne ne pouvait venir à son secours.

Quant au magicien, il ne lui restait plus que le parti de retourner en Afrique, puisque sa tentative avait échoué. En effet, s'il connaissait les vertus de la lampe merveilleuse et le lieu où elle se trouvait, il ne lui était pas possible, par contre, de l'enlever lui-même. Il fallait qu'un autre allât la prendre et la lui remît. C'est dans cet unique but qu'il avait voulu se faire passer pour l'oncle d'Aladin, afin que le jeune homme servît son plan. Mais il était bien décidé à ne pas partager le secret avec lui et si Aladin avait eu la naïveté de lui donner la lampe avant de sortir du caveau, son sort eût été le même.

Heureusement, Aladin avait toujours au doigt l'anneau qu'y avait passé le magicien, avant sa descente. Et c'est ce qui devait le sauver.

Tout d'abord, quand il se vit enfermé dans cette obscurité, il pleura toutes les larmes de son corps, appelant son oncle par des cris désespérés. Il se reprit un peu, toutefois, et descendit jusqu'au bas du caveau, mais il ne trouva plus la porte : elle avait disparu. Alors il retomba dans le plus morne désespoir, ne doutant plus qu'il ne fût condamné à mourir là. Pendant deux jours, il demeura ainsi, sans prendre aucune nourriture; le troisième, sentant ses forces diminuer considérablement, il implora Dieu en joignant les mains et, sans s'en apercevoir, il frotta l'anneau que le magicien avait passé à son doigt.

Aussitôt, un génie à la figure effroyable lui apparut et dit :

— Que veux-tu? Je suis prêt à t'obéir comme ton esclave et l'esclave de tous ceux qui ont l'anneau au doigt !

— Qui que tu sois, répondit Aladin, je te prie de me faire sortir de ce lieu, si tu en as le pouvoir !

Aussitôt, la terre s'entrouvrit et Aladin se trouva dehors. Il reprit le, chemin de la ville et arriva chez sa mère, qui fut agréablement surprise de son retour, car elle le croyait à jamais perdu. Quand Aladin eut mangé à sa faim et bu à sa soif, il conta à sa mère ce qui lui était arrivé, lui montra la lampe et les fruits magnifiques qu'il avait cueillis dans le jardin. La mère et le fils firent peu de cas de ces derniers, car ils ne savaient pas que c'étaient des pierres précieuses.

Le lendemain, à son réveil, Aladin demanda à sa mère de lui servir à manger, mais elle avait épuisé, la veille, toutes ses provisions et il ne lui restait plus le moindre argent...

Ma mère, dit Aladin, je crois qu'en vendant la lampe que j'ai rapportée hier, nous subviendrons à notre dîner et à notre souper...

Elle est bien sale, mon fils, et on ne vous en donnera pas grand-chose dans cet état... mais attendez, elle sera vite nettoyée!

La mère d'Aladin prit la lampe et se mit à la frotter avec du sable fin. Elle avait à peine commencé qu'un gigantesque et hideux génie se dressait devant elle en s'écriant :

Que veux-tu? Moi et tous les esclaves de la lampe nous sommes prêts à t'obéir comme tes esclaves et les esclaves de tous ceux qui ont la lampe à la main !

La mère d'Aladin n'entendit rien de tout cela, car elle s'évanouit à cette apparition ; mais le jeune homme ne perdit pas sa présence d'esprit et répondit en saisissant la lampe :

— Apporte-moi de quoi manger, j'ai faim !

Le génie disparut et revint presque immédiatement, portant sur sa tête un grand bassin et douze plats d'argent chargés d'excellents mets et de six grands pains blancs ; à la main. Il posa le tout sur le sofa et disparut à nouveau, tout cela si rapidement que la mère d'Aladin n'avait pas eu le temps de reprendre connaissance.

Enfin, son malaise se dissipa et elle fut bien étonnée de trouver tout prêt un aussi bon repas. La mère et le fils dînèrent copieusement, après quoi

Aladin, mit sa mère au courant de ce qui s'était passé durant son évanouissement...

— Désormais, ajouta-t-il, je me garderai bien de vendre cette lampe, comme j'étais prêt à le faire. Puisque le hasard nous a fait découvrir ses merveilleuses vertus, sachons en profiter sagement, de façon à ne pas nous attirer la jalousie de nos voisins !

Quand les provisions apportées par le génie de la lampe furent épuisées, Aladin alla vendre un des plats d'argent chez un juif. Comme il ignorait la valeur de ce métal précieux, le marchand en profita et ne le lui paya qu'une pièce d'or, alors qu'il en valait bien soixante-dix ou soixante-douze. Avec cela la mère et le fils purent vivre quelques jours. Aladin réalisa ainsi, au fur et à mesure de leurs besoins, les douze plats et le bassin d'argent pour lequel il obtint dix pièces d'or, car il était plus épais et plus lourd. Il n'eut recours à la lampe qu'à bout de ressources. Il la prit alors, la frotta, et le génie lui apparut comme la première fois en prononçant la même phrase :

— Que veux-tu? Moi et tous les esclaves de la lampe nous sommes prêts à t'obéir comme tes esclaves et les esclaves de tous ceux qui ont la lampe en main !

— J'ai faim, lui dit Aladin, donne-moi à manger!

Le même service que la première fois lui fut apporté par le génie ; il n'usa de ses provisions qu'avec sagesse et alla ensuite vendre un des plats pour se faire quelque argent. Mais au lieu de s'adresser au juif, il entra chez un orfèvre, dans l'espoir que celui-ci lui en donnerait davantage. Il devait se féliciter de cette tentative, car le commerçant le lui acheta au poids et lui en donna soixante-douze pièces d'or. Aladin le remercia de sa probité et, par la suite, vint toujours chez lui.

A ce prix, les douze plats et le bassin lui permirent de vivre assez longtemps, d'autant plus qu'il ne se départit jamais de la sagesse qu'il s'était imposée dès le premier jour.

Aladin pourvut ainsi à ses besoins et à ceux de sa mère pendant quelques années, n'ayant recours au génie de la lampe qu'en toute nécessité. Il perdit ses déplorables habitudes de vagabondage et ne fréquenta plus que des personnes distinguées. Et il apprit ainsi que les fruits merveilleux qu'il avait cueillis dans le jardin de la lampe étaient des pierres d'une valeur inestimable, étant donné leur beauté et leur grosseur. Il se garda bien de ne parler à personne du trésor qu'il possédait!

A quelque temps de là, Aladin se promenait par la ville lorsqu'il entendit lire dans une rue un arrêté du Sultan ordonnant que les boutiques et les portes des maisons fussent fermées, et que chacun s'enfermât chez soi, afin que sa fille, la princesse Bradoul-boudour pût aller et revenir du bain. Une invincible curiosité naquit aussitôt chez Aladin; il voulait voir à découvert le visage de la princesse.

Pour arriver à ses fins, il se plaça derrière une porte et, grâce à une fente qui lui permettait de voir sans être vu, la princesse lui apparut, suivie de femmes et d'eunuques; Aladin demeura ébloui ; il ne s'attendait pas à ce qu'elle fût d'une beauté et d'un charme si parfaits !

Cette agréable vision impressionna si profondément Aladin qu'il rentra chez lui tout troublé. Sa mère s'en aperçut et lui demanda la cause de cette subite mélancolie. Il ne voulut pas lui répondre tout de suite, mais, le lendemain matin, de son propre chef, il lui fit part de la cause de sa tristesse. Et il termina ainsi :

— J'aime la princesse Bradoulboudour, je l'aime passionnément... Et j'ai résolu de la faire demander en mariage au sultan son père !

La mère d'Aladin, à ces mots, partit d'un immense éclat de rire :

— Eh quoi, mon fils ! s'écria-t-elle. Avez-vous donc soudain perdu la tête, pour raisonner ainsi?

— Aucunement, ma mère. Je parle très sérieusement... Aussi je vous supplie de ne pas me refuser la grâce d'aller demander, pour moi, la main de la princesse à son père le sultan !

La mère d'Aladin fit tous ses efforts pour lui montrer qu'il manquait absolument de bon sens...

— Et vous semblez oublier, d'autre part, mon fils, ajouta-t-elle, qu'on ne se présente pas chez le sultan sans lui faire un cadeau en rapport avec la grâce qu'on lui demande ?

— Vous savez, ma mère, que j'ai rapporté du jardin de la lampe des fruits admirables que nous prîmes, vous et moi, pour des verres colorés. Eh bien, j'ai appris, depuis, que c'étaient des pierreries d'une valeur inappréciable, de telle sorte qu'elles constituent un présent digne du sultan... Vous devez bien avoir une coupe de porcelaine, donnez-la moi, nous les disposerons dessus pour nous rendre compte de l'effet qu'elles produisent!

La mère et le fils en furent éblouis. Cependant, celle-ci fit encore tout ce qu'il lui était possible pour dissuader Aladin. Elle ne put y parvenir.

— Mais que lui répondrai-je, objecta-t-elle encore, s'il me demande quelle est votre fortune... en quoi consistent vos biens?

— Ce qu'il importe de savoir, tout d'abord, c'est l'accueil que Sa Majesté vous fera... Pour le reste, nous verrons ensuite, et je crois que la lampe, en cette circonstance, nous sera d'un grand secours !

Cette raison encouragea la mère d'Aladin à tenter la démarche que lui imposait son fils. Le lendemain elle était à la porte du palais à la première heure, son présent à la main, enveloppé dans un linge fin. Il y avait beaucoup de monde à l'audience du sultan, qui ne s'occupa pas d'elle ce jour-là, ni les jours suivants, d'ailleurs. Elle ne désespéra cependant pas d'être entendue et ne manqua pas une séance.

Le souverain finit par remarquer sa présence et la fit appeler.

— Il y a déjà longtemps que je vous remarque à mes audiences, lui dit le sultan. Que désirez-vous donc ?

Avant de répondre, la mère d'Aladin se prosterna, puis :

— O puissant souverain ! Premier monarque du monde ! La demande que je viens faire à Votre Majesté est si hardie, si extraordinaire, que je la supplie à l'avance de m'en excuser !

— Que tout le monde sorte ! ordonna le sultan.

Et il demeura seul avec son grand-vizir pour écouter la requête de la vieille femme. Elle pria encore le souverain de ne pas s'indigner de ce qu'elle allait lui exposer, et surtout de ne pas l'en punir !

— Parlez sans crainte, lui dit-il ; je vous donne à l'avance le pardon, quoi que ce soit !

La mère d'Aladin hésita encore une seconde et se décida à raconter fidèlement l'indiscrétion commise par son fils, le jour où la princesse Bradoulboudour était allée au bain et le violent amour que lui avait inspiré sa beauté divine.

La mère d'Aladin s'attendait à une explosion de colère et d'indignation. Mais le sultan demeura très calme et lui demanda :

— Qu'avez-vous apporté dans ce linge? En montrant le paquet que la brave femme avait déposé aux pieds du trône.

Elle lui présenta alors la coupe de porcelaine remplie de pierreries multicolores, aux feux éclatants. Le sultan en demeura émerveillé : il n'en avait pas d'aussi belles ni d'aussi grosses dans son trésor.

Au bout d'un moment il se tourna vers son grand-vizir et lui montrant la coupe pleine de pierres précieuses :

— Ne trouves-tu pas ce présent digne de la princesse ma fille? Et puis-je refuser sa main à celui qui m'envoie un pareil cadeau?

A ces paroles, le grand-vizir devint blême. Car il avait un fils et il projetait depuis longtemps, avec l'assentiment de son maître, de l'unir à la princesse Bradoulboudour. Il s'approcha donc du sultan et lui dit :

— Sire, ce présent est certainement digne de la princesse votre fille. Cependant, je supplie Votre Majesté de m'accorder un délai de trois mois avant de prendre une décision définitive, d'ici ce temps-là mon fils pourra faire à la princesse un présent plus magnifique encore.

Le souverain estimait la chose impossible ; il accorda néanmoins à son vizir la grâce qu'il sollicitait et répondit à la mère d'Aladin :

— Bonne femme, vous pouvez aller avertir votre fils que sa proposition est agréée, mais je n'entends pas marier ma fille avant trois mois... Revenez donc quand ce laps de temps sera écoulé !

La mère d'Aladin revint auprès de son fils transportée de joie. Il l'interrogea avec inquiétude et elle lui raconta tout au long l'audience du sultan et la réponse favorable qu'il avait faite à sa demande.

Cependant, deux mois s'étaient déjà écoulés. Quand, un soir, la mère d'Aladin eut besoin d'huile pour remplir sa lampe et sortit pour aller en chercher, à la tombée de la nuit. Elle fut très surprise en voyant les boutiques décorées, les rues illuminées.

— Qu'y a-t'il donc? demanda-t-elle au marchand d'huile.

— Comment, vous ne savez donc pas que le fils du grand-vizir épouse ce soir la princesse Bradoulboudour.

La mère d'Aladin n'en demanda pas davantage ; elle courut apprendre la nouvelle à son fils. L'accablement de celui-ci ne dura qu'une seconde. Il se souvint tout de suite de la lampe merveilleuse.

Après qu'il l'eut frottée comme il en avait l'habitude, le génie lui apparut et prononça la phrase sacramentelle :

— Que veux-tu? Moi et tous les esclaves de la lampe, nous sommes prêts à t'obéir comme tes esclaves et les esclaves de tous ceux qui ont la lampe à la main.

— Jusqu'ici, je ne t'ai demandé que de subvenir à mes besoins... Aujourd'hui, il s'agit d'une affaire beaucoup plus importante. J'avais fait demander en mariage au sultan la princesse Bradoulboudour, sa fille, et il me l'avait promise, à la condition que j'attendisse trois mois. Or, deux seulement sont passés et j'apprends que la princesse se marie avec le fils du grand-vizir. Je te demande donc d'enlever les deux jeunes époux et de les apporter ici!

— Tu seras obéi, maître, répondit le génie.

Et il disparut. Dès lors, Aladin attendit, certain que tout serait exécuté selon son désir. Et, en effet, dans le milieu de la nuit l'esclave de la lampe apporta dans sa chambre la princesse et le fils du grand-vizir.

Aladin ordonna au génie d'enfermer ce dernier dans un étroit cabinet et de faire en sorte qu'il ne puisse en bouger. Il put alors s'approcher de la princesse, et comme elle tremblait de tous ses membres, en proie au plus grand effroi, il s'efforça de la rassurer :

— Adorable princesse, vous n'avez rien à craindre ici... Vous êtes en parfaite sûreté. Je vous prie de m'excuser si j'ai été obligé d'en arriver à ces extrémités, mais le sultan votre père m'avait promis votre main... Il n'a pas tenu parole, et comme je n'entends pas que vous apparteniez à un autre, je n'ai pas hésité à vous faire enlever...

Malgré ces paroles, la princesse passa une nuit d'angoisse terrible.

Le lendemain matin, à la pointe du jour, le génie revint et transporta le fils du grand-vizir et la princesse de la maison d'Aladin au palais du sultan, sans que l'un ni l'autre l'aperçût et sans qu'ils entendissent les propos qu'il échangeait avec Aladin.

La princesse Bradoulboudour avait à peine réintégré sa chambre que le sultan y pénétra pour lui demander si elle avait passé une bonne nuit. Il s'aperçut que sa fille était plongée dans une profonde mélancolie et alla s'en ouvrir à la sultane son épouse.

A son tour, celle-ci vint chez la princesse, qui lui raconta les étranges événements qui s'étaient déroulés pendant la nuit; mais sa mère ne voulut pas y ajouter foi.

Le soir, tout se passa absolument comme la veille. Ils furent tous deux brusquement enlevés, transportés chez Aladin, où ils passèrent la nuit dans les mêmes conditions que précédemment; et de même, au petit jour, ils furent rapportés au palais, sans savoir par qui ni comment. Le sultan revint visiter sa fille, qu'il trouva plus mélancolique encore que la veille ; il voulut absolument qu'elle lui fit connaître la cause d'une pareille attitude. La princesse raconta alors fidèlement tout ce qui lui était arrivé pendant ces deux fâcheuses nuits.

Très affecté, le sultan répondit :

— Ma fille, ne vous inquiétez pas, je vais faire le nécessaire pour que vous ne passiez plus de semblables nuits.

Il rentra dans son appartement, fit appeler son grand-vizir et le mit au courant de ces faits, en le priant de consulter son fils.

- Mon père, répondit celui-ci, tout ce que la princesse a dit au sultan est parfaitement vrai, et je vous avouerai que, malgré l'honneur d'une telle union, je préfère y renoncer plutôt que de subir encore d'aussi cruels tourments.

Le jour même le souverain ordonna qu'on interrompît les réjouissances dans tout le royaume, le mariage de la princesse Bradoulboudour et du fils du grand-vizir étant purement et simplement annulé.

Aladin attendit que les trois mois fussent exactement écoulés pour rappeler au sultan la promesse qu'il lui avait faite. Il envoya alors sa mère au palais, pour assister à l'audience. Le souverain la reconnut et la fit appeler.

— Sire, dit-elle, après s'être prosternée, je me présente encore aux pieds de Votre Majesté pour lui rappeler la promesse qu'elle avait bien voulu me faire, il y a trois mois jour pour jour.

Le sultan, en fixant ce délai de trois mois, avait espéré ne plus entendre parler d'Aladin, car, en vérité, c'était un parti peu digne de la princesse sa fille. Embarrassé, il consulta le grand-vizir.

— Sire, répondit celui-ci, j'entrevois un moyen d'écarter ce mariage à jamais : exigez d'Aladin qu'il vous fasse présent de richesses considérables ; il ne pourra satisfaire votre désir et sa demande se trouvera tout naturellement repoussée.

Cette proposition plut au sultan, qui dit immédiatement :

— Bonne femme, je suis prêt à tenir ma parole mais pour cela, il faut que votre fils m'envoie quarante grands bassins d'or massif, pleins de pierreries semblables à celles que vous m'avez déjà apportées, portés par quarante esclaves noirs, qui seront conduits par quarante autres esclaves blancs, jeunes, bien faits, de belle taille et tous magnifiquement habillés. Voilà à quelle condition je suis prêt à donner ma fille à votre fils. Allez le lui dire, j'attendrai votre réponse!

Les exigences du sultan parurent si énormes à la mère d'Aladin qu'elle fut étonnée de voir celui-ci accueillir le résultat de sa démarche avec une évidente satisfaction.

— Je m'attendais à ce que le sultan me demandât plus encore dit-il. Si exorbitantes que soient ses exigences, je puis les satisfaire!

Il éloigna sa mère pour s'entretenir avec l'esclave de la lampe, après l'avoir fait surgir par le moyen habituel. Il lui expliqua quel présent le sultan attendait de lui et lui ordonna de le lui faire parvenir au plus tôt, afin de pouvoir l'envoyer avant la levée de l'audience.

Le génie revint bientôt, accompagné de quarante esclaves blancs, beaux et bien faits, ainsi que de quarante esclaves noirs, portant chacun, sur la tête, un bassin d'or massif d'un poids considérable, rempli de perles, de diamants, de rubis, d'émeraudes, et couvert d'une toile en argent à chevrons d'or.

Aladin pria sa mère, après que le génie se fut retiré, de bien vouloir conduire ces esclaves au sultan. Ils défilèrent alors l'un derrière l'autre, un esclave blanc suivi d'un esclave noir. La foule, sur leur passage, s'extasiait sur la richesse de leur costume, tout d'or, de pierreries, d'étoffes rares, et qui valait bien un million. Les quarante esclaves étaient d'une taille si admirable qu'on les eût plutôt pris pour des rois.

En entrant dans la salle où le sultan attendait ce magnifique cortège, ils formèrent un demi-cercle autour du trône, les esclaves noirs posèrent sur le tapis le bassin d'or qu'ils portaient, puis tous ensemble, ils se prosternèrent, le front à terre. En se relevant, les esclaves noirs découvrirent adroitement les bassins pour laisser voir leur contenu et tous demeurèrent debout, les mains croisées sur la poitrine.

La mère d'Aladin s'avança alors au pied du trône.

— Sire, mon fils espère que son présent sera agréable à Votre Majesté, puisqu'il s'est efforcé de réaliser le désir formulé par elle!

Le sultan était émerveillé et sans prendre d'autres renseignements sur Aladin, il répondit à sa mère :

— Bonne femme, vous pouvez aller dire à votre fils que je l'attends pour lui donner la main de ma fille!

Aladin fut charmé de l'excellente nouvelle rapportée par sa mère. Il se retira immédiatement dans sa chambre pour faire les préparatifs de l'entrevue avec le souverain. C'est à sa lampe merveilleuse qu'il eut naturellement recours.

— Génie, dit-il, quand l'esclave se présenta à ses yeux, je t'ai appelé afin que tu me fasses prendre un bain et que tu m'habilles du vêtement le plus beau et le plus riche que jamais souverain ait porté !

Son commandement était à peine achevé qu'il fut transporté dans un magnifique salon où il fut déshabillé par d'invisibles serviteurs, puis on le fit entrer dans une baignoire de marbre, où il fut lavé et frotté avec plusieurs sortes d'eau parfumée. A la sortie du bain, il revint dans le salon, ses habits en avaient disparu, remplacés par d'autres, d'une splendeur incomparable, qu'il endossa avec l'aide du

génie. La toilette terminée, celui-ci le ramena dans sa maison.

— Maître, tu n'as rien d'autre à me commander?

— Si, apporte-moi un cheval, plus beau et meilleur qu'aucun de ceux du sultan et dont le harnachement vaille plus d'un million. Je voudrais aussi que tu m'envoies vingt esclaves richement vêtus, pour marcher à côté et derrière moi et vingt autres pareils pour me précéder, et que tu envoies à ma mère pour la servir six femmes esclaves aussi bien habillées que celles de la princesse Bradoulboudour. Il me faut, enfin, dix bourses de mille pièces d'or chacune !

Le tout fut promptement apporté. Aladin donna quatre bourses à sa mère, en même temps que ses esclaves, et décida que les six autres seraient jetées au peuple; par poignées, sur son passage.

C'était la première fois qu'il montait à cheval; on ne s'en serait pas douté, tant il avait d'aisance et de grâce en selle. Ce fut lui qu'on admira plus encore que sa suite, dans les rues qu'il traversa pour se rendre au palais du sultan. L'étiquette voulait que les cavaliers descendissent de cheval pour se présenter devant le souverain, on fit exception pour Aladin, qui fut conduit ainsi jusqu'à la salle des audiences, où Sa Majesté l'attendait.

Le sultan fut surpris de la magnificence de son costume et surtout de sa belle taille, de son air noble et grand. Il alla au-devant de lui pour qu'il n'eût pas la peine de se jeter à ses pieds, et après l'avoir embrassé, il le fit asseoir à ses côtés. Ils s'entretinrent quelques instants et le souverain conduisit Aladin dans un salon magnifique où l'on servit un superbe repas. Ils mangèrent en tête-à-tête, tout en causant, et Aladin acheva de conquérir les bonnes grâces du sultan, qui fit dresser immédiatement le contrat de mariage. Il voulait même que les noces eussent lieu le jour même, mais Aladin le pria de les différer jusqu'à ce qu'il eût fait construire un palais digne de recevoir la princesse sa fille. Puis il retourna chez lui, salué et acclamé par la foule.

Dès qu'il fut dans sa chambre, il frotta la lampe pour appeler le génie.

— Je désire que tu me fasses bâtir, le plus rapidement possible, lui dit-il, un palais en face de celui du sultan. Tu pourras choisir, à ta guise, le porphyre, le jaspe, l'agate, le lapis ou le marbre le plus fin et le mieux coloré; mais je voudrais qu'au faîte de ce palais tu ménages un salon en forme de dôme, à quatre faces égales, dont les assises soient en or et en argent massif. Je voudrais encore qu'il y ait vingt-quatre fenêtres à ce salon, six à chaque face, et que les jalousies de chaque croisée, sauf une, soient enrichies de diamants, de rubis et d'émeraudes. Je veux enfin que ce palais soit une merveille comme il n'en existe nulle part au monde, avec une avant-cour, une cour et un jardin. Je te recommande, surtout, qu'il y ait, dans un endroit que tu me feras connaître, un trésor rempli de monnaie d'or et d'argent.

Le soleil venait de se coucher quand le génie disparut en promettant que les instructions d'Aladin seraient exécutées à la lettre. Le lendemain, il était à peine levé que l'esclave de la lampe se présentait à lui:

— Seigneur, votre palais est achevé ! venez voir s'il est à votre convenance !

Aladin en fut émerveillé. On ne pouvait imaginer, en effet, plus magnifique construction. Le génie lui en fit faire le tour, l'initia aux moindres détails, lui montra le trésor.

Aladin remercia le génie et le congédia. Puis il alla trouver sa mère, qui était en train de se parer des superbes habits apportés par ses esclaves. Il la pria d'aller trouver le sultan, afin d'accompagner la princesse, quand elle serait prête à quitter le palais de son père. De son côté, Aladin quitta pour toujours la maison paternelle, en emportant la lampe merveilleuse, et alla en grande pompe, prendre possession de son merveilleux palais.

Cette demeure fastueuse édifiée comme par enchantement plongea le peuple, la cour et le sultan, dans une profonde admiration.

A la tombée de la nuit, la jeune princesse fit de tendres adieux à son père et quitta son appartement, suivie de cent femmes esclaves; la mère d'Aladin

marchait à sa gauche et elles étaient escortées de cent eunuques noirs, de quatre cents pages tenant chacun un flambeau à la main et marchant sur les côtés. Dans l'éblouissement de toute cette lumière, la princesse se dirigea vers le palais où l'attendait Aladin. La mère de celui-ci le lui désigna et elle fut immédiatement charmée de son allure et de sa distinction.

Aladin prit sa main et la baisa respectueusement, puis il la conduisit dans un immense salon, éclairé d'une quantité innombrable de bougies et dont la table était servie superbement. Les plats étaient en or massif et contenaient des viandes exquises. Le buffet était garni de bassins, de vases et de gobelets d'or finement travaillé.

— Prince, dit la princesse, je m'imaginais, jusqu'ici, qu'aucun palais ne pouvait rivaliser avec celui de mon père, je m'aperçois aujourd'hui, que je me suis trompée !

Pendant le cours du repas, un concert harmonieux se fit entendre qui ne cessa qu'à l'apparition d'une troupe de danseurs et de danseuses. La fête dura jusqu'à minuit.

Le lendemain, il invita le sultan à venir visiter son palais. Et cette réception donna encore lieu à un festin magnifique. Le souverain se retira, enchanté de son gendre et surpris des richesses de sa merveilleuse demeure.

Aladin vécut plusieurs années, entouré de la considération et de la sympathie de tous. C'était, en effet, un homme de bien qui savait faire profiter tout le monde de sa fortune. Chaque fois qu'il sortait il faisait jeter, par, deux de ses esclaves, des poignées de pièces d'or dans les rues qu'il traversait et pas un pauvre se présentait à son palais sans en emporter une marque de sa générosité. Le sultan l'estimait d'autant plus que, lui ayant confié sur sa demande, le commandement d'une armée, il avait maté une révolte qui menaçait la paix de l'empire. Cette victoire avait encore grandi son prestige aux yeux de tous. Il aurait donc vécu jusqu'à la fin de ses jours dans une parfaite quiétude si la nouvelle de sa fortune extraordinaire et de ses exploits n'était parvenue aux oreilles du magicien africain, qui croyait Aladin mort dans le souterrain où il l'avait enfermé.

— Il a découvert le secret et la vertu de la lampe, pensa-t-il. Et immédiatement, il se mit en route vers la Chine, dans l'intention bien arrêtée de nuire à Aladin, et de lui ravir sa fortune.

Arrivé dans la capitale, il se livra à de mystérieux calculs pour connaître l'endroit où Aladin conservait la lampe merveilleuse. La magie lui apprit qu'elle était dans le palais même. Il s'informa et apprit que le gendre du sultan était parti à la chasse et ne reviendrait pas avant quatre ou cinq jours. L'occasion était belle. Le magicien sut la mettre à profit.

Il acheta une douzaine de lampes de cuivre, les mit dans un panier et alla rôder autour du palais d'Aladin en criant :

— Qui veut échanger de vieilles lampes pour des neuves ?

On le prit pour un fou, les enfants coururent après lui, l'entourèrent ; les passants eux-mêmes se moquaient de ce malheureux qu'ils prenaient pour un dément.

La princesse Bradoulboudour, qui se tenait dans le salon aux vingt-quatre fenêtres, tout en haut du palais, perçut le brouhaha et dit à l'une de ses femmes de descendre.

L'esclave revint en riant à perdre haleine.

— C'est un pauvre fou qui veut échanger de vieilles lampes pour des neuves ! Tous les enfants du quartier se sont mis après lui et il ne peut plus avancer !

Une deuxième esclave fit alors remarquer à sa maîtresse qu'il y avait justement sur une corniche du salon, une lampe qui paraissait bien vieille et bien usée...

— Son possesseur ne sera pas fâché d'en avoir une neuve à la place. Et ce sera une belle occasion de voir si cet homme est fou à ce point d'échanger du vieux pour du neuf !

Hélas ! il s'agissait de la lampe merveilleuse qu'Aladin avait placée en cet endroit. La princesse, qui en ignorait les vertus, ordonna qu'un eunuque descendît pour en faire l'échange.

Le magicien, en la voyant, ne douta pas que ce ne fût la lampe merveilleuse qu'on lui apportait.

L'eunuque en choisit une neuve dans son panier, ce qui provoqua un redoublement de huées parmi les enfants, de plus en plus amusés. Le magicien les laissa faire, mais s'arrangea pour s'en débarrasser. Quand il fut seul, il la frotta comme Aladin l'avait fait en maintes occasions. Le même génie lui apparut qui prononça la même phrase :

— Que veux-tu? Moi et les esclaves de la lampe, nous sommes prêts à t'obéir comme tes esclaves et les esclaves de tous ceux qui ont la lampe à la main !

— J'ordonne, répondit le magicien, que tu fasses enlever immédiatement le palais d'Aladin, tel qu'il est et avec tout ce qu'il contient, choses et gens et que tu le transportes en Afrique avec moi !

Le sultan poussa une exclamation de surprise, le matin, à son réveil, en s'apercevant que le palais de son gendre avait complètement disparu, sans laisser la moindre trace qui pût expliquer ce phénomène vraiment extraordinaire. Il crut qu'il rêvait encore et pour dissiper son doute, il fit appeler en toute hâte son grand-vizir auprès de lui...

L'étonnement de celui-ci ne fut pas moins grand ; toutefois, il fit observer à son maître que cette inexplicable et totale disparition venait corroborer la réflexion qu'il avait osé faire à Sa Majesté, lors de l'édification du palais...

— Je vous l'avais bien dit alors que c'était un ouvrage de magie. Subitement convaincu, le sultan entra dans une grande colère contre Aladin et s'écria.

— Où est cet imposteur, que je lui fasse couper la tête?

Et, se tournant vers son vizir :

— Donne à mes cavaliers les ordres nécessaires pour qu'on me l'amène au plus tôt chargé de chaînes !

Trente hommes partirent aussitôt. Ils rencontrèrent Aladin à quelques lieues de la ville et exécutèrent les ordres de leur souverain. Aladin se laissa enchaîner sans comprendre de quel crime il pouvait être coupable. Et il fut ainsi conduit, à pied, vers la ville. Mais le cortège avait à peine pénétré dans les faubourgs que les habitants protestèrent avec véhémence contre l'arrestation d'Aladin, comprenant, à la façon dont on le menait, qu'il allait avoir la tête coupée.

En effet, le bourreau l'attendait au palais du sultan, il fit agenouiller Aladin, lui banda les yeux et tira son grand sabre, n'attendant plus que le signal du sultan...

Mais, au dehors, un vacarme de plus en plus épouvantable s'élevait. Le peuple assiégeait le palais en poussant de formidables huées. Il demandait la grâce d'Aladin, ne pouvant oublier tous ses bienfaits. L'émeute grandissait, plus menaçante de seconde en seconde. Le grand-vizir s'alarma et vint avertir son maître au moment où celui-ci se préparait à donner le signal de l'exécution...

— Sire, que Votre Majesté s'approche de la fenêtre pour voir ce qui se passe... Je crains bien qu'en ne donnant pas satisfaction à la populace, Votre Majesté ne voie sa demeure envahie et sa sécurité mise en danger.

Le sultan se rendit compte, tout de suite, que son vizir n'exagérait en rien la gravité de la situation ; et il ordonna immédiatement qu'on remît Aladin en liberté.

Cette nouvelle désarma la foule, qui cessa se retira immédiatement et tranquillement.

— Sire, prononça Aladin, avant de s'éloigner, je supplie Votre Majesté de bien vouloir me faire connaître de quel crime je suis coupable ?

— Comment ! Tu oses faire l'ignorant ? Allons, mets-toi à la fenêtre et dis-moi où est passé ton palais?

Aladin fut incapable de formuler la moindre explication, lorsqu'il s'aperçut de la disparition de sa demeure — disparition qui était bien impossible à comprendre pour lui aussi.

— Sire, dit-il enfin, au bout d'un moment, je puis assurer à Votre Majesté que je ne suis pour rien dans cet événement extraordinaire.

— J'en doute ! En tout cas, arrange-toi pour me ramener ma fille le plus tôt possible, ou je te ferai couper la tête sans que personne au monde ne puisse m'en empêcher !

— Je demande à Votre Majesté un délai de quarante jours... Et si, dans cet intervalle, je n'ai pas réussi à retrouver la princesse, je m'engage à venir vous apporter ma tête à couper !

Le sultan lui accorda cette grâce, et Aladin quitta la ville, sans savoir au juste où diriger ses pas.

A la tombée de la nuit, il arriva au bord d'une rivière et s'y assit. De sombres idées assaillirent son cerveau, le désespoir l'envahit peu à peu ; il pensa à se donner la mort en se précipitant dans l'eau.

Auparavant, toutefois, il voulut faire sa prière, et comme il s'approchait du bord de la rivière pour procéder aux ablutions d'usage, il faillit tomber dans l'eau, mais se retint à temps à un bloc de roche. En faisant ce mouvement, il frotta l'anneau qu'il portait toujours au doigt, depuis l'aventure du souterrain et, instantanément, le génie qui lui avait sauvé la vie lui apparut en prononçant :

— Que veux-tu? Moi et les autres esclaves de l'anneau nous sommes prêts à t'obéir comme tes esclaves et les esclaves de tous ceux qui ont l'anneau au doigt !

— Transporte-moi à l'endroit où se trouve mon palais et dépose-moi sous les fenêtres de mon épouse, la princesse Bradoulboudour.

Cet ordre fut exécuté à l'instant même. Aladin reconnut sa demeure et fut aperçu d'une des femmes de la princesse, à travers la jalousie. Immédiatement prévenue, la fille du sultan vint se mettre à la fenêtre. Aladin la salua ; elle répondit par ces mots :

- On est allé vous ouvrir la porte secrète. Montez !

Aladin fut bientôt auprès d'elle et dit à la princesse :

— Avant tout, dites-moi ce qu'est devenue la vieille lampe que j'avais mise sur la corniche du salon.

La princesse devint blême et raconta dans quelles circonstances elle avait fait échanger la vieille lampe pour une neuve.

Aladin comprit alors que l'auteur de la ruse n'était autre que le magicien africain !

— Savez-vous ce qu'il a fait de la lampe et où il l'a mise? interrogea-t-il.

— Il la cache dans sa poitrine ! répondit la princesse. Il l'a sortie en ma présence !

— Princesse, lui dit-il, ce que je vais vous demander vous coûtera certainement beaucoup, mais notre salut à tous deux en dépend entièrement. Voilà:

quand le magicien viendra vous rendre visite, recevez-le aimablement, invitez-le à souper, exprimez-lui votre désir de goûter du meilleur fruit de son pays. Il s'absentera certainement pour aller en chercher, vous en profiterez pour mettre, dans un gobelet, une pincée de cette poudre en recommandant à la femme qui vous sert à boire de placer cette tasse à part et de vous l'apporter pleine au signal que vous lui ferez. Vous proposerez alors au magicien d'échanger votre verre contre le sien ; il ne manquera pas d'accepter et quand il aura bu, vous le verrez tomber mort!

Aladin se retira et son épouse se mit immédiatement en devoir de faire ses préparatifs. Le magicien africain fut charmé de l'accueil de la princesse, et tout se passa selon le désir d'Aladin. Quand le misérable eut vidé le gobelet contenant la poudre, il s'affala sans connaissance.

Aussitôt, Aladin entra dans le salon et s'empara de la lampe merveilleuse qu'il trouva sur la poitrine du magicien, il la frotta et le génie lui apparut. Il lui donna ses ordres, et le lendemain matin, à l'aurore, le sultan de Chine avait l'agréable surprise, à son lever, de pouvoir contempler le palais d'Aladin, dans la même situation comme si il n'eût jamais bougé de son emplacement.

A partir de ce jour-là, Aladin, sa mère, la princesse Bradoulboudour et le génie vécurent sans heureux.

A la mort du sultan, comme il n'y avait pas d'héritiers mâles, ce fut la princesse qui lui succéda, et avec elle Aladin, à qui elle conféra la puissance suprême. Leur règne fut aussi long qu'heureux et ils laissèrent une postérité qui, par la suite, devint illustre.

Le Cheval Enchanté

De tous temps, le premier jour de l'année fut célébré dans toute l'étendue de la Perse.

Sans parler des grandes villes, il n'y avait ni bourg, ni village, ni hameau où elle ne fût célébrée avec des réjouissances extraordinaires ; mais celles qui se faisaient à la cour les surpassaient toutes infiniment par la variété des spectacles nouveaux qui attiraient les étrangers des Etats voisins, et par les libéralités du roi envers ceux que leurs inventions et leur habilité mettaient au premier rang.

Dans une de ces fêtes, après que les plus adroits et les plus ingénieux du pays, avec les étrangers qui s'étaient rendus à Schiraz, eurent donné au roi et à toute sa cour le divertissement de leurs spectacles, et que le roi leur eut fait ses largesses, un Indien parut au pied du trône royal, en faisant avancer un cheval sellé, bridé et richement harnaché, représenté avec tant d'art, qu'à le voir on l'eût pris d'abord pour un cheval véritable.

L'Indien se prosterna devant le trône, et quand il se fut relevé :

« Sire, dit-il en montrant le cheval au roi, quoique je me présente le dernier devant Votre Majesté pour entrer en lice, je puis l'assurer néanmoins que, dans ce jour de fête, elle n'a rien vu d'aussi merveilleux et d'aussi surprenant que le cheval sur lequel je la supplie de lever les yeux.

- Je ne vois dans ce cheval, lui dit le roi, autre chose que l'art et l'industrie de l'ouvrier à lui donner la ressemblance au naturel ; mais un autre ouvrier pourrait en faire un semblable, qui le surpasserait même en perfection.

- Sire, repris l'Indien, ce n'est pas aussi par sa construction, ni par ce qu'il paraît à l'extérieur, que j'ai dessein de présenter mon cheval à Votre Majesté comme une merveille ; c'est par l'usage que j'en sais faire, et que tout homme comme moi peut en faire par le secret que je lui communiquerai. Quand je le monte, en quelque endroit de la terre, si éloigné soit-il, que je veuille me transporter par la région de l'air, je puis l'exécuter en très peu de temps.

Le roi de Perse était curieux de tout ce qui tenait du merveilleux. Comme il n'avait jamais rien vu d'aussi extraordinaire, il dit à l'Indien que l'expérience seule qu'il venait de lui proposer pouvait le convaincre de la supériorité de son cheval.

L'Indien mit aussitôt le pied dans l'étrier, monta sur son cheval avec une grande légèreté, et quand il se fut bien assuré sur la selle, il demanda au roi où il lui plaisait de l'envoyer.

Environ à trois lieues de Schiraz il y avait une haute montagne qu'on découvrait de la grande place où le roi de Perse se trouvait, au milieu de tout le peuple qui s'y était rendu.

« Vois-tu cette montagne ? dit le roi en la montrant à l'Indien ; c'est là que je souhaite que tu ailles. La distance n'est pas langue, mais elle suffit pour faire juger de la diligence que tu feras pour aller et pouvoir revenir. Et comme il n'est pas possible de te suivre des yeux jusque-là, j'entends que tu m'apportes, pour marque certaine que tu y seras allé, une palme d'un palmier qui est au pied de la montagne. »

A peine le roi de Perse eut-il déclaré sa volonté par ces paroles, que l'Indien tourna une cheville placée un peu au défaut du cou du cheval. Dans l'instant, le cheval quitta la terre et partit comme un éclair, enlevant le cavalier si haut qu'en peu de moments les yeux les plus perçant le perdirent de vue, à la grande admiration du roi et de ses courtisans, et aux cris d'étonnement de tous les spectateurs assemblés.

Il n'y avait pas un quart d'heure que l'Indien était parti, quand on l'aperçut au haut de l'air, qui revenait la palme à la main. On le vit enfin arriver au-dessus de la place, où il fit plusieurs caracoles, aux acclamations de joie du peuple qui applaudissait, jusqu'à ce qu'il vînt se poser devant le trône du roi, à la même place d'où il était parti, sans aucune secousse de cheval qui pût l'incommoder. Il mit pied

à terre et, s'approchant du trône, il se prosterna et il posa la palme aux pieds du roi.

Le roi de Perse, qui fut témoin, avec non moins d'admiration que d'étonnement, du spectacle inouï que l'Indien venait de lui donner, conçut en même temps une forte envie de posséder le cheval ; et comme il se persuadait qu'il n'éprouverait pas de difficultés à traiter avec l'Indien, il le regardait déjà comme la pièce la plus précieuse de son trésor.

« A juger de ton cheval par son apparence extérieure, dit-il à l'Indien, je ne comprenais pas qu'il eût la valeur que tu viens de me faire constater. Je te remercie de m'avoir désabusé ; et, pour te marquer combien j'en fais d'estime, je suis prêt à l'acheter s'il est à vendre.

Sire reprit l'Indien, je n'ai pas douté que Votre Majesté rendrait justice à mon cheval, dès que je lui aurais fait connaître ses mérites. J'avais même prévu qu'elle ne se contenterait pas de l'admirer, mais qu'elle désirerait en devenir possesseur. De mon côté, quoique j'en connaisse le prix, je n'y suis pas si attaché que je ne veuille bien m'en priver pour satisfaire la noble passion de Votre Majesté. Mais je dois vous faire connaitre la condition sans laquelle je ne puis me résoudre à le laisser passer en d'autres mains. Votre majesté saura donc que je n'ai pas acheté ce cheval : je ne l'ai obtenu de l'inventeur qu'en lui donnant en mariage ma fille unique qu'il me demanda ; et en même temps il exigea de moi que je ne le vendrais pas, et que si j'avais à lui donner un autre possesseur, ce serait par un échange tel que je le jugerais à propos. »

L'Indien voulait poursuivre mais au mot d'échange, le roi de Perse l'interrompit :

« Je suis prêt, repartit-il, à t'accorder tel échange que tu me demanderas. Tu sais que mon royaume est grand, qu'il est rempli de grandes villes puissantes, riches et peuplées. Je laisse à ton choix celle qu'il te plaira de posséder en pleine puissance et souveraineté pour le reste de tes jours. »

Cet échange parut véritablement royal à toute la cour, mais il était fort au-dessous de ce que l'Indien s'était proposé. Il avait des vues beaucoup plus élevées, et répondit au roi :

« Sire, je suis infiniment obligé à votre Majesté de l'offre qu'elle me fait, et je ne puis assez la remercier de sa générosité. Je la supplie néanmoins de ne pas s'offenser si je prends la hardiesse de lui témoigner que je ne puis mettre mon cheval en sa possession qu'en recevant de sa main la princesse sa fille pour épouse. Je suis résolu de n'en perdre la propriété qu'à ce prix. »

Les courtisans qui environnaient le roi ne purent s'empêcher de rire à la demande extravagante de l'Indien. Mais le prince Firouz Schah, fils aîné du roi, et héritier présomptif du royaume, ne l'entendit qu'avec indignation.

Le roi pensa tout autrement, et il crut qu'il pouvait sacrifier la princesse de Perse à l'Indien pour satisfaire sa curiosité. Il balança néanmoins avant de se déterminer à prendre ce parti.

Le prince Firouz Schah, qui vit que le roi son père hésitait sur la réponse qu'il devait faire à l'Indien, craignit qu'il ne lui accordât ce qu'il demandait. Il le prévint donc en ces termes :

« Sire, que Votre Majesté me pardonne si j'ose lui demander s'il est possible qu'elle balance un moment sur le refus qu'elle doit faire à la demande insolente d'un homme de rien, et qu'elle lui laisse l'espoir d'entrer dans l'alliance d'un des plus puissants monarques de la terre. Je la supplie de considérer ce qu'elle se doit, non seulement à elle-même, mais aussi à son rang et à la haute noblesse de ses aïeux.

- Mon fils, reprit le roi, je vous sais bon gré du zèle que vous témoignez pour conserver l'éclat de votre naissance, mais vous ne considérez pas assez l'excellence de ce cheval. L'Indien peut, si je le rebute, aller faire la même proposition ailleurs, et je serais au désespoir si un autre monarque pouvait se vanter de m'avoir surpassé en générosité et de m'avoir privé de la gloire de posséder ce que je considère comme la chose la plus singulière et la plus digne d'admiration qu'il y ait au monde. Je ne veux pas dire néanmoins que je consente à lui accorder sa demande ; mais avant que je vienne à la dernière discussion du marché, je serais bien aise que vous examiniez le cheval et que vous en fassiez l'essai vous-même, afin de me donner votre avis. »

L'Indien crut entrevoir, dans le discours qu'il venait d'entendre, que le roi de Perse n'était pas absolument éloigné de le recevoir dans son alliance ; aussi, loin de s'opposer au désir du roi, en témoigna-t-il de la joie, et, pour marquer qu'il y consentait avec plaisir, il prévint le prince en s'approchant du cheval, prêt à l'aider à le monter, et l'avertit ensuite de ce qu'il fallait faire pour le bien gouverner.

Le prince Firouz Schah, avec une adresse merveilleuse, monta le cheval sans le secours de l'Indien ; et il n'eut pas plus tôt le pied dans l'étrier que, sans attendre aucun avis de l'Indien, il tourna la cheville qu'il lui avait vu tourner lorsqu'il l'avait monté. Le cheval s'enleva alors avec la vitesse d'une flèche et, en peu de moments, on le perdit de vue.

L'Indien, alarmé de ce qui venait d'arriver, se prosterna devant le trône :

« Sire, dit-il, Votre Majesté elle-même a vu que le prince ne m'a pas permis par sa promptitude de lui donner l'instruction nécessaire pour gouverner mon cheval. Il n'avait pas besoin de moi pour partir et s'élever en l'air ; mais il ignore l'avis que j'avais à lui donner pour faire détourner le cheval en arrière et pour le faire revenir au lieu d'où il est parti. Aussi, la grâce que je demande à Votre Majesté, c'est de ne pas me rendre responsable de ce qui pourra lui arriver. »

Le discours de l'Indien affligea fort le roi de Perse, qui comprit que le danger où était le prince son fils était inévitable, s'il était vrai qu'il y eût un secret pour faire revenir le cheval, différent de celui qui le faisait partir et s'élever en l'air.

« Sire, dit l'Indien, il y a lieu d'espérer que le prince, dans l'embarras où il de trouvera, s'apercevra d'une autre cheville, et que, lorsqu'il l'aura tournée, le cheval cessera aussitôt de s'élever et descendra du côté de la terre.

- Quoi qu'il en soit, répliqua le roi, comme je ne puis me fier à l'assurance que tu me donnes, ta tête me répondra de la vie de mon fils, si dans trois mois je ne le vois revenir sain et sauf, ou que je n'apprenne certainement qu'il soit vivant. »

Il commanda aussitôt qu'on l'enfermât dans une prison étroite ; après quoi il se retira dans son palais, extrêmement affligé de comment s'est terminée la fête pour lui et pour sa cour.

Le prince Firouz Schah, cependant, fut enlevé dans l'air avec rapidité, et, en moins d'une heure, il se vit si haut qu'il ne distinguait plus rien sur la terre. Ce fut alors qu'il songea à revenir au lieu d'où il était parti. Pour réussir, il s'imagina qu'en tournant la même cheville à contresens, il réussirait ; mais son étonnement fut extrême quand il vit que le cheval l'enlevait toujours avec la même rapidité. S'étant recueilli en lui-même avec tout le bon sens dont il était capable, et ayant examiné la tête et le cou du

cheval avec attention, il aperçut une autre cheville, plus petite et moins apparente que la première. Il la tourna et remarqua qu'il descendait rapidement vers la terre ; mais le soleil s'étant couché eu peu de temps, il se trouva entièrement dans les ténèbres de la nuit, incapable de choisir un lieu où aller mettre pied à terre à sa commodité.

Le cheval s'arrêta et se posa. Il était plus de minuit. Le prince descendit, et se trouva sur le toit en terrasse d'un palais magnifique. Il vit un escalier par où on y montait du palais et dont la porte était entrouverte.

Il descendit sans bruit et vit la porte d'une grande salle où il y avait de la lumière. Le prince s'arrêta et, en prêtant l'oreille, il n'entendit d'autre bruit que le ronflement de gens qui dormaient profondément. Il avança un peu dans la salle et vit que ceux qui dormaient étaient des eunuques avec des sabres. Il comprit par-là que c'était la garde de l'appartement d'une reine ou d'une princesse : il se trouva que c'était celui d'une princesse.

Il attendit son réveil et demanda à être introduit auprès d'elle.

« Respectable princesse, lui dit-il, par une aventure la plus extraordinaire et la plus merveilleuse qu'on puisse imaginer, vous voyez à vos pieds un prince suppliant, fils du roi de Perse, qui se trouvait hier près du roi son père, au milieu des réjouissances d'une fête solennelle, où il est en danger de périr, si vous n'avez la bonté de l'assister de votre secours et de votre protection. Je l'implore, cette protection, avec la confiance que vous ne me la refuserez pas. »

La princesse à qui le prince Firouz s'était adressé était la princesse de Bengale, fille aînée du roi du royaume de ce nom, qui lui avait fait bâtir ce palais, peu éloigné de la capitale, où elle venait souvent se reposer.

« Prince, lui répondit-elle, rassurez-vous ; vous n'êtes pas dans un pays barbare : l'hospitalité, l'humanité et la politesse ne règnent pas moins dans le royaume de Bengale que dans le royaume de Perse. La protection que vous me demandez, vous est acquise non seulement dans mon palais, mais même dans tout le royaume ; vous pouvez m'en croire et vous fier à ma parole. Quelque forte envie, ajouta-t-elle, que j'aie d'apprendre de vous par quelle merveille vous avez mis si peu de temps à venir de la capitale de la Perse, et par quel enchantement vous avez pu pénétrer dans mon palais, comme il n'est pas possible que vous n'ayez besoin de repos et de nourriture, j'aime mieux remettre ma curiosité à demain matin, et donner ordre à mes femmes de vous loger dans une des chambres du palais, de vous y bien traiter, et de vous y laisser reposer jusqu'à ce que vous soyez en état de satisfaire ma curiosité. »

Les femmes de la princesse emmenèrent le prince, lui apportèrent un grand nombre de mets, et, quand il fut bien réconforté, le laissèrent en liberté pour se coucher.

Le lendemain, le prince, parfaitement remis de son voyage pénible, se présenta devant la princesse, impatiente d'entendre le récit de ses merveilleuses aventures Il commença son discours par la fête solennelle du Nevroux puis en vint au cheval enchanté, dont il fit la description, et à la prétention insensée de l'Indien qui avait demandé pour prix de son cheval la main de la fille du roi de Perse. Il termina par sa descente, au milieu des ténèbres de la nuit, au palais de la princesse :

« Le reste, ajouta-t-il, vous le savez aussi bien que moi : Il ne me reste qu'à vous remercier de votre bonté et de votre générosité, et vous supplier de me marquer de quelle manière je puis reconnaître un si grand bienfait. »

La Princesse, touchée de ces paroles, invita le prince à demeurer quelque temps dans son palais pour se reposer de ses aventures extraordinaires :

« Princesse, répondit-il, j'accepterais volontiers l'offre obligeante que vous me faites, si l'inquiétude où le roi mon père doit être de mon éloignement ne m'en empêchait absolument. Je le connais, et pendant que j'ai le bonheur d'être auprès de la plus aimable des princesses, Je suis persuadé qu'il est plongé dans des douleurs mortelles, qu'il a perdu l'espérance de me revoir. J'espère que vous saurez comprendre que je ne puis sans ingratitude, et même sans crime, me dispenser d'aller vers lui, car différer trop longtemps mon retour serait le faire mourir.

« Après cela, princesse, continua le prince, si vous me jugiez digne d'aspirer au bonheur de devenir votre époux comme le roi mon père m'a toujours témoigné qu'il ne voulait pas me contraindre dans le choix d'une épouse, n'aurais pas de peine à obtenir de lui de revenir, non pas en inconnu, mais en prince, demander de sa part au roi de Bengale de contracter alliance avec lui par notre mariage.

Le silence et l'émotion de la princesse montrèrent au prince qu'elle n'était pas indifférente aux sentiments qu'il venait de lui exprimer.

« Princesse, ajouta-t-il, mes paroles vous seront peut-être suspectes ; peut-être aussi, sur la permission que je vous demande d'aller retrouver le roi mon père, me mettes vous au rang de ces hommes frivoles qui oublient leurs promesses dès qu'ils se sont éloignés. Mais, pour vous marquer la sincérité de mon cœur, j'oserais vous demander de vous emmener avec moi si je ne craignais que vous ne prissiez ma demande pour une offense. »

Le prince s'aperçut que la princesse avait rougi a ces dernières paroles, et que sans aucune marque de colère, elle hésitait sur le parti qu'elle devait prendre.

« Princesse, continua-t-il, ne doutez pas du bon accueil que vous fera mon père. Quant à ce qui regarde le roi de Bengale, après la tendresse et l'amitié qu'il a toujours eues pour vous, il faudrait qu'il fût l'ennemi de votre bonheur, s'il ne recevait avec bienveillance l'ambassade que le roi mon père lui enverrait pour obtenir l'approbation de notre mariage. »

La princesse de Bengale, les yeux baissés, hésita longtemps à répondre à ce discours du prince. Elle finit cependant par lui dire qu'elle n'avait pas de répugnance à l'accompagner en Perse et qu'elle y consentait. La seule objection qu'elle trouva fut que le prince manquât d'expérience pour gouverner le cheval et qu'elle craignait de se trouver avec lui dans le même embarras que quand il en avait fait l'essai. Mais le prince Firouz Schah la délivra sans peine de cette crainte.

Le lendemain matin, un peu avant la pointe du jour alors que tout le palais était encore enseveli dans un Profond sommeil, elle se rendit sur la terrasse. Le prince. Le prince qui l'attendait, tourna le cheval du côté de la Perse. Il monte le premier, et quand la princesse se fut assise commodément derrière lui, il tourna la même cheville qu'il avait tournée dans la capitale de la Perse, et le cheval les enleva en l'air.

Le cheval fila avec sa rapidité ordinaire, et le prince Firouz Schah le gouverna de manière qu'environ en deux heures et demie il découvrit la capitale de la Perse.

Il n'alla pas descendre dans le palais du sultan, mais dans un palais de plaisance, peu éloigné de la ville. Il mena la princesse dans le plus bel appartement, et lui dit que pour lui faire rendre les honneurs qui lui étaient dus, allait avertir le sultan son père de leur arrivée.

Il fit aussitôt seller un cheval, et partit pour le palais.

Dans le chemin et dans les rues de la ville par où il passa, il fut reçu aux acclamations du peuple, qui changeait sa tristesse en joie, après avoir désespéré de le revoir à jamais depuis qu'il avait disparu.

Le sultan son père donnait audience quand il se présenta devant lui au milieu de son conseil, qui était tout en habits de deuil. Il le reçut en l'embrassant avec des larmes de joie et de tendresse, et lui demanda avec empressement ce que le cheval de l'Indien était devenu.

Cette demande donna lieu au prince de raconter au sultan son père l'embarras et le danger où il s'était trouvé après que le cheval l'eût enlevé dans l'air, de quelle manière il s'en était tiré, et comment il était arrivé ensuite au palais de la princesse de Bengale ; la bonne réception qu'elle lui avait faite, et enfin la complaisance qu'elle avait eue de venir en Perse avec lui, après lui avoir promis de l'épouser.

« Et, sire, ajouta le prince, certain que vous ne me refuseriez pas votre consentement, je viens de l'amener avec moi sur le cheval de l'Indien. Elle attend dans un des palais de plaisance de Votre

Majesté, où je l'ai laissée, et où je dois aller lui annoncer que je ne lui en ai pas fait la promesse en vain. »

A ces paroles, le prince se prosterna devant le sultan son père pour le fléchir ; mais le sultan l'en empêcha, le retint, et en l'embrassant une seconde fois :

« Mon fils, lui dit-il, non seulement je consens à votre mariage avec la princesse de Bengale, mais je veux aller au-devant d'elle en personne, la remercier de l'obligation que je lui ai, l'amener dans mon palais et célébrer ses noces dès aujourd'hui. »

Ainsi le sultan, après avoir donné les ordres pour l'entrée qu'il voulait faire à la princesse de Bengale, ordonna que l'on quittât les habits de deuil et que les réjouissances commençassent ; il commanda aussi qu'on fît sortir l'Indien de prison et qu'on le lui amenât.

« Je m'étais assuré de ta personne, lui dit-il, afin que ta vie me répondît de celle du prince mon fils. Rend grâces à Dieu de ce que je l'ai retrouvé. Va ; reprends ton cheval, et ne parais plus devant moi. »

Quand l'Indien fut hors de la présence du sultan, comme il avait appris de ceux qui étaient venus le délivrer que le prince Firouz Schah était de retour avec la princesse qu'il avait amenée avec lui sur le cheval enchanté, et que le sultan se disposait à aller la chercher pour la conduire au palais, il n'hésita pas à le devancer.

Sans perdre de temps il se rendit au palais de plaisance et, s'adressant au concierge, il dit qu'il venait de la part du sultan pour prendre la princesse de Bengale sur le cheval, et la mener en l'air au sultan qui l'attend disait-il, pour donner ce spectacle à la cour et à la ville de Schiraz.

Le concierge hésita d'autant moins à ajouter foi à la parole de l'Indien, qu'il le voyait en liberté, et la princesse n'eut pas été plutôt prévenue qu'elle consentit à ce qu'on lui demandait.

L'Indien, ravi en lui-même de la facilité qu 'il trouvait à faire réussir son projet, monta le cheval, prit la princesse en croupe avec l'aide du concierge, tourna la cheville et aussitôt le cheval les enleva, la princesse et lui, au plus haut de l'air.

Au même moment, le sultan de Perse, suivi de sa cour, sortait de son palais. Quand il eut aperçu le ravisseur qui passait au-dessus de la ville pour le narguer, il le chargea de mille imprécations, avec ses courtisans et tous les témoins de cette méchanceté sans égale.

Mais quelle fut la douleur du prince Firouz Schah, quand il vit que, sous ses propres yeux, l'Indien lui enlevait la princesse de Bengale qu'il aimait passionnément !

Quel parti prendre ? Retournera-t-il au palais de son père, se renfermer dans son appartement, pour se plonger dans l'affliction, ou ira-t-il à la poursuite du ravisseur pour délivrer la princesse et le châtier comme il le mérite.

Il continue son chemin jusqu'au palais de plaisance. Le concierge se présente devant lui, les larmes aux yeux, se jette à ses pieds, s'accusant lui-même du crime qu'il croît avoir commis, et pour l'expiation duquel il est prêt à donner sa vie.

« Lève-toi, lui dit le prince, je n'impute qu'à moi-même et à ma simplicité l'enlèvement de ma princesse. Sans perdre de temps, va me chercher un habillement de derviche[1], et garde toi de dire que c'est pour moi. »

Le concierge alla dans un couvent voisin et apportat l'habillement complet de derviche au prince Firouz.

Le prince s'en revêtit. Déguisé de la sorte, et muni, pour la dépense du voyage qu'il allait entreprendre, d'une boîte de perles et de diamants qu'il avait apportée pour en faire présent à la princesse de Bengale, il sortit du palais de plaisance à l'entrée de la nuit, incertain de la route qu'il devait prendre, mais résolu à ne pas revenir qu'il n'eut retrouvé et ramené sa princesse.

---

[1] Religieux musulman.

Revenons à l'Indien. Il gouverna le cheval enchanté de manière que le même jour il arriva de bonne heure dans un bois, près de la capitale du royaume de Cachemire. Comme il avait besoin de manger, il alla en quête de nourriture, laissant seule la princesse qui en profita pour appeler à son secours en poussant de grands cris. Ces cris attirèrent en un moment une troupe de cavaliers qui les environnèrent, elle et l'Indien revenu à la hâte.

C'était le sultan du royaume qui, chassant en cet endroit, était accouru au bruit qu'il avait entendu. Il demanda à l'Indien qui il était, et qui était la dame qu'il voyait. L'Indien répondit avec impudence que c'était sa femme, et qu'il n'appartenait à personne de se mêler du différend qu'il avait avec elle.

« Qui que vous soyez, s'écria la princesse en s'adressant au sultan, ayez compassion d'une princesse, et n'ajoutez pas foi à un imposteur. Cet homme est un magicien abominable, qui m'a enlevée aujourd'hui au prince de Perse, auquel j'étais destinée pour épouse, et qui m'a amenée ici sur le cheval enchanté que vous voyez. »

La princesse de Bengale n'eut pas besoin d'un plus long discours pour persuader au sultan de Cachemire qu'elle disait la vérité. Sa beauté, son air majestueux et ses larmes parlaient pour elle. Aussi le sultan, justement indigné de l'insolence de l'Indien, commanda sur-le-champ qu'on lui coupât la tête. Cet ordre fut exécuté immédiatement.

La princesse de Bengale, délivrée de la persécution de l'Indien, tomba dans une autre qui ne lui fut pas moins douloureuse.

Elle se flattait que le sultan de Cachemire voudrait bien mettre le comble à sa générosité en la renvoyant au prince de Perse ; mais elle était bien éloignée de voir cette espérance réalisée.

En effet, le roi de Cachemire, frappé de sa beauté, avait résolu de l'épouser le lendemain, et il avait fait annoncer les réjouissances du mariage, dès la pointe du jour, par le son des tambours, des trompettes et autres instruments propres à inspirer la joie. La princesse ne pouvait connaître la cause de ces concerts tumultueux. Aussi, lorsque le sultan fut venu lui-même et lui eut fait connaître que les fanfares qu'elle entendait étaient pour rendre leurs noces plus solennelles, se trouva-t-elle dans une consternation si grande qu'elle tomba évanouie.

Les femmes chargées de la servir accoururent à son secours, et le sultan lui-même s'employa pour la faire revenir ; mais elle demeura longtemps dans cet état avant de reprendre ses esprits. Elle les reprit enfin, et alors, plutôt que de manquer à la foi qu'elle avait promise au prince Firouz Schah, elle prit le parti de feindre d'avoir perdu la raison.

Dès lors elle commença à dire des extravagances en présence du sultan ; elle se leva même pour se jeter sur lui. Le sultan en fut fort surpris et fort affligé, et, voyant qu'elle ne revenait pas en son bon sens, il la laissa avec ses femmes auxquelles il recommanda de prendre le plus grand soin de sa personne.

Le lendemain et les jours suivants, la princesse ayant continué ses discours extravagants, le sultan de Cachemire assembla les médecins de sa cour et leur demanda s'ils ne connaissaient pas de remèdes pour la guérison de cette maladie. Il ordonna aux esclaves de les introduire, l'un après l'autre, dans la chambre de la princesse.

La princesse, craignant que, si elle se laissait approcher et examiner par des médecins, le moins expérimenté ne vînt à connaître qu'elle était en bonne santé et que sa maladie n'était qu'une feinte, entrait, dès qu'il en paraissait un, dans de tels transports d'aversion et de colère qu'aucun d'eux n'eut la hardiesse de s'y exposer.

Quand le sultan de Cachemire vit que les médecins de la cour n'avaient rien fait pour la guérison de la princesse, il appela ceux de la capitale, puis ceux du royaume et même des États voisins, avec promesse d'une récompense magnifique à celui qui guérirait la malade.

Ce fut peine perdue.

Dans cet intervalle, le prince Firouz Schah, déguisé sous l'habit de derviche, avait continué son voyage. Attentif aux nouvelles qu'on débitait dans chaque lieu où il passait, il arriva enfin dans une grande ville des Indes où l'on s'entretenait fort d'une princesse de Bengale à qui l'esprit avait tourné le jour même que le sultan de Cachemire avait fixé pour la célébration de son mariage avec elle.

Au nom de la princesse de Bengale, supposant que c'était celle qui faisait l'objet de son voyage, il prit la route du royaume de Cachemire. A son arrivée dans la capitale, il apprit l'histoire de la princesse, la mort de l'Indien qui l'avait amenée sur le cheval enchanté, et enfin la dépense inutile que le sultan avait faite pour la guérir.

Le prince de Perse, bien informé de toutes ces particularités, se fit faire, dès le lendemain, un habit de médecin, et avec ce déguisement et la longue barbe qu'il s'était laissé croître, il se présenta au sultan, lui assurant que par la vertu de quelques remèdes dont il avait le secret, il procurerait à la princesse la guérison que tant d'autres avant lui n'avaient pu lui donner.

Le sultan, sans perdre de temps en discours superflus, après lui avoir fait connaître que la princesse ne pouvait supporter la vue d'un médecin sans entrer dans des transports qui aggravaient son mal, le conduisit dans un cabinet en soupente, d'où il pouvait la voir par une jalousie sans être vu.

Le prince Firouz monta, et il aperçut son aimable princesse, assise négligemment, qui chantait, les larmes aux yeux, une chanson par laquelle elle déplorait sa malheureuse destinée qui la privait de celui qu'elle aimait si tendrement.

Attendri de la triste situation où il vit sa chère princesse, il n'eut pas besoin d'autres marques pour comprendre que sa maladie était feinte, et que c'était pour l'amour de lui qu'elle se trouvait dans cet état affligeant. Il descendit de sa cachette et, après avoir indiqué au sultan de quelle nature était la maladie de la princesse, et qu'elle n'était pas incurable, il lui dit que pour obtenir sa guérison, il était nécessaire qu'il lui parlât en particulier et seul à seul.

Le sultan fit ouvrir la porte de la princesse, et le prince Firouz entra. Dès que la princesse le vit paraître, elle se leva comme en furie, en le menaçant et en l'accablant d'injures. Cela ne l'empêcha pas d'approcher, et, quand il fut assez près pour se faire entendre, il lui dit tout bas et d'un air respectueux :

« Princesse, je ne suis pas médecin. Reconnaissez, je Vous en supplie, le prince de Perse qui vient vous mettre en liberté. »

Au ton de voix et aux traits du haut du visage qu'elle reconnut en même temps, malgré la longue barbe du prince, la princesse se calma, et en un instant on vit paraître sur son visage la joie que procure la réalisation de ce qu'on désire le plus. La surprise agréable qu'elle éprouva lui ôta la parole pour un moment, et permit au prince de lui raconter son désespoir, quand il avait vu l'Indien la ravir ; la résolution qu'il avait prise de tout abandonner pour la chercher en quelque endroit de la terre qu'elle pût être, et enfin son bonheur, après un voyage ennuyeux et pénible, de la retrouver dans le palais du sultan de Cachemire.

Quand il eut achevé, il pria la princesse de l'informer de ce qui lui était arrivé depuis son enlèvement, afin de prendre des mesures pour ne pas la laisser plus longtemps sous la tyrannie du sultan de Cachemire.

La princesse n'avait pas un long récit à faire au prince, puisqu'elle n'avait qu'à lui raconter de quelle manière elle avait été délivrée de la violence de l'Indien par le sultan de Cachemire, qui revenait de la chasse, mais désespérée, le lendemain, par la décision que le sultan était venu lui faire connaître, de l'épouser le jour même sans lui avoir demandé son consentement ; conduite violente et tyrannique, qui l'avait amenée à désirer la mort plutôt que de se livrer à un sultan qu'elle n'aimait pas et qu'elle ne pouvait pas aimer.

Le prince de Perse, à qui la princesse n'avait pas, en effet, autre chose à dire, lui demanda si elle savait ce que le cheval enchanté était devenu après la mort de l'Indien.

« J'ignore, répondit-elle, quel ordre le sultan peut avoir donné à ce sujet, mais il est à croire, après ce que je lui en ai dit, qu'il ne l'aura pas négligé. »

Comme le prince Firouz ne douta pas que le sultan de Cachemire eût fait garder le cheval soigneusement, il communiqua à la princesse le dessein qu'il avait de s'en servir pour la ramener en Perse. Après être convenu avec elle des moyens qu'ils devaient prendre pour y réussir, afin que rien n'empêchât l'exécution, le prince de Perse se retira.

Le sultan de Cachemire fut enchanté quand le prince de Perse lui eût appris ce qu'il avait fait, dès la première visite, pour la guérison de la princesse de Bengale. Le lendemain, il le regarda comme le premier médecin du monde, quand la princesse l'eut reçu d'une manière qui lui persuada que véritablement sa guérison était bien avancée.

En la voyant en cet état, il se contenta de lui marquer combien il était ravi de la voir en disposition de recouvrer bientôt sa santé parfaite, et après l'avoir exhortée à donner toute sa confiance à un médecin si habile, il se retira sans attendre d'elle aucune parole.

Le prince de Bengale, qui avait accompagné le sultan de Cachemire, sortit avec lui de la chambre de la princesse ; en raccompagnant, il lui demanda si, sans manquer au respect qui lui était dû, il pouvait savoir par quelle aventure une princesse de Bengale se trouvait seule dans le royaume de Cachemire, si éloigné de son pays, comme s'il l'eût ignoré ; mais il le fit pour l'amener à parler du cheval enchanté et apprendre de sa bouche ce qu'il en avait fait.

Le sultan de Cachemire, qui ne pouvait pénétrer pour quel motif le prince de Perse lui faisait cette demande, ne lui en fit pas mystère ; il lui dit à peu près ce qu'il avait appris de la princesse de Bengale ;

quant au cheval enchanté, il l'avait fait porter dans son trésor, comme une grande rareté, bien qu'il ignorât comment on pouvait s'en servir.

« Sire, reprit le faux médecin, la connaissance que Votre Majesté vient de me donner me fournit le moyen d'achever la guérison de la princesse. Comme elle a été portée sur ce cheval, et que ce cheval est enchanté, elle a contracté quelque chose de l'enchantement, qui ne peut être dissipé que par certains parfums qui me sont connus. Si Votre Majesté veut en avoir le plaisir et donner un spectacle des plus surprenants à sa cour et au peuple de sa capitale, que demain elle fasse apporter le cheval au milieu de la place, devant son palais, et qu'elle s'en remette à moi pour le reste ; je promets de faire voir à ses yeux et à toute l'assemblée, en très peu de moments, la princesse de Bengale aussi saine d'esprit et de corps qu'elle l'a jamais été de sa vie ; et, afin que la chose se fasse avec tout l'éclat qu'elle mérite, il est à propos que la princesse soit habillée le plus magnifiquement qu'il sera possible, avec les joyaux les plus précieux que Votre Majesté peut avoir. »

Le sultan de Cachemire eût fait des choses plus difficiles que celles que lui proposait le prince de Perse, pour arriver à la réalisation de ses désirs.

Le lendemain, le cheval enchanté fut tiré du trésor par son ordre, et posé de grand matin sur la place du palais.

Le bruit se répandit bientôt, dans toute la ville, que quelque chose d'extraordinaire devait s'y passer, et l'on y accourut en foule. Les gardes du sultan y furent disposés pour empêcher le désordre, et pour laisser un grand vide autour du cheval.

Le sultan de Cachemire parut. Quand il eut pris place sur une estrade, environné des principaux seigneurs et officiers de sa cour, la princesse de Bengale, accompagnée de toute la troupe de femmes que le sultan lui avait assignées, s'approcha du cheval enchanté, et ses femmes l'aidèrent à monter dessus. Quand elle fut sur la selle, les pieds dans les deux étriers, la bride à la main, le faux médecin fit poser autour du cheval plusieurs cassolettes pleines de feu, qu'il avait fait apporter ; puis, en tournant autour, il jeta dans chacune un parfum composé de plusieurs sortes d'odeurs les plus exquises. Ensuite, recueilli en lui-même, les yeux baissés et la main appliquée sur la poitrine, il tourna trois fois autour du Cheval, en faisant semblant de prononcer certaines paroles ; et au moment où les cassolettes exhalaient à la fois une fumée fort épaisse, d'une odeur très suave, et que la princesse en était environnée de manière qu'on avait de la peine à la voir, ainsi que le cheval, il se jeta légèrement en croupe derrière la princesse, porta la main à la cheville du départ, qu'il tourna, et au moment où le cheval les enlevait en l'air, lui et la princesse, il prononça ces paroles à haute voix, si distinctement que le sultan lui-même les entendit :

« Sultan de Cachemire, quand tu voudras épouser des princesses qui implorent la protection, apprends auparavant à avoir leur consentement. »

Ce fut de la sorte que le prince 'de Perse délivra la princesse de Bengale, et la ramena le même jour, en peu de temps, à la capitale de Perse, où il alla mettre pied à terre, au milieu du palais, devant l'appartement du roi son père.

Le roi de Perse, émerveillé et ravi de ce retour inattendu, ne différa la solennité du mariage de son fils avec la princesse de Bengale qu'autant de temps qu'il en fallait pour les préparatifs, afin d'en rendre la cérémonie plus pompeuse.

Dès que le nombre des jours arrêtés pour les réjouissances fut accompli, son premier soin fut de nommer et d'envoyer une ambassade solennelle au roi de Bengale pour lui rendre compte de tout ce qui s'était passé, et pour lui demander l'approbation et la ratification de l'alliance qu'il venait de contracter avec lui par ce mariage : ratification que le roi de Bengale, bien informé de toutes choses, se fit un honneur et un plaisir d'accorder.

FIN

SOMMAIRE

Ali-baba et les quarante voleurs 3

Les sept voyages de Sindbad le marin 39

Premier voyage de Sindbad le marin 43

Deuxième voyage de Sindbad le marin 49

Troisième voyage de Sindbad le marin 55

Quatrième voyage de Sindbad le marin 61

Cinquième voyage de Sindbad le marin 69

Sixième voyage de Sindbad le marin 75

Septième et dernier voyage de Sindbad le marin 81

Aladin et la lampe merveilleuse 88

Le cheval enchanté 129